Texte . Medien

PETER STAMM

Agnes

Materialien und Arbeitsanregungen

Erarbeitet von Urban Büchel

Schroedel

Herausgegeben von Peter Bekes und Volker Frederking

Druck A 1 / Jahr 2012
Alle Drucke der Serie A sind im Unterricht parallel verwendbar.

Redaktion: Frank Sauer
Herstellung und Satz: Ira Petersohn, Ellerbek
Reihentypografie: Farnschläder & Mahlstedt Typografie, Hamburg
Druck und Bindung: pva, Druck und Medien-Dienstleistungen GmbH, Landau
Titelbild: »Feelings« von Kristina Bode, Kiel

Der Text folgt der Ausgabe:
Peter Stamm: Agnes. Frankfurt am Main: Fischer Taschenbuch Verlag 2009.

Das Texte. Medien-Programm zu »Agnes«:

978-3-507-47806-0 Materialien und Arbeitsanregungen
978-3-507-47906-7 Informationen für Lehrerinnen und Lehrer

Informationen und Materialien im Internet:
www.schroedel.de/textemedien

ISBN 978-3-507-**47806**-0

Inhalt

Vorwort

»Ein fulminantes Debüt« – so kommentierte der Kritiker der Neuen Züricher Zeitung die Romanfassung von Peter Stamms »Agnes« nach ihrer Erstveröffentlichung. In den 1980er und 1990er Jahren entstanden und Ende des 20. Jahrhunderts publiziert, spiegelt der Roman die Chancen und Probleme einer modernen Existenz. »Modern« meint ein Leben im Medienzeitalter, aber noch vor dem Siegeszug der Web-Kultur.

Mit dieser Positionierung gewinnt der Roman ein spezifisches Interesse: Agnes' und des Erzählers Lebenswirklichkeiten liegen nahe bei der heutigen, ohne direkt aktuell zu sein. So zählt der Computer zum selbstverständlichen Handwerkszeug der Protagonisten, lebensprägend ist die Digitalisierung für sie aber noch nicht; einen Blick in die heutige digitalisierte Welt wirft der Leser aber anhand von Agnes' Bildschirmschoner: hier tauchen Probleme der Virtualisierung bereits auf.

Ich will in meiner Zeit leben, mich ihr aussetzen und von ihr beeinflusst werden.

Peter Stamm

Beide Hauptfiguren sind schwerpunktmäßig der analogen Kultur verbunden, sogar der textbasierten. Auch Agnes' Videoband gehört noch zur analogen Technik, markiert aber eine Übergangsposition zur digitalen Welt. Die Tatsache, dass sie und ihr Partner sich immer wieder schwer tun Realität und Fiktion auseinander zu halten, wird stärker individualpsychologisch grundiert (Agnes' depressive Strukturen, die Ängste des Erzählers), wenn sie auch in ihrer kargen Sprache und der Unfähigkeit zu problemorientierter und problemlösender mündlicher Kommunikation einen Zug ihrer und der heutigen Zeit spiegeln.

Ihre Liebesbeziehung repräsentiert ebenfalls zwiespältige Elemente der Moderne: die fehlende Einbettung in einen weltanschaulichen Kontext führt zu markanter Hilflosigkeit in der Ausgestaltung dieser Beziehung; die Suche nach Orientierung außerhalb ihrer selbst, z.B. in der Kunstgeschichte, steht als Beispiel dafür. Der in den neunziger Jahren des vorigen Jahrhunderts aufgekommene literaturwissenschaftliche Begriff der Intermedialität eignet sich, um die Bruchlinien zwischen den Protagonisten und der Kulturtradition facettenreich zu veranschaulichen.

Da der Roman selbst eine überschaubare Länge und eine leicht beherrschbare Struktur aufweist – die einzelnen Kapitel sind relativ kurz –, wurde auf den Abdruck von Primärtextstellen bis auf wenige Ausnahmen verzichtet. Damit rücken in diesem Heft die Kontexte, die es ermöglichen sollen, den Roman an der oben skizzierten Schnittstelle einleuchtend zu positionieren, in den Vordergrund.

Die Arbeitsanregungen schlagen einen methodisch variantenreichen Unterricht vor, immer wieder finden auch produktionsorientierte Zugänge Berücksichtigung; Gewicht wurde ebenfalls darauf gelegt, zu Präsentationen anzuregen.

Peter Stamm

Autobiografisches 2004

Wir waren nicht reich, aber ich bin ohne wirtschaftliche Not aufgewachsen. Ich habe zwei Brüder und eine Schwester […] In der Schule war ich notorisch unterfordert und konnte es mir leisten, viel Zeit in meiner Phantasiewelt zu verbringen. Ich las viel und war nicht sehr wählerisch in dem, was ich las. Wir waren auch viel draußen. Damals waren Eltern noch nicht so hysterisch. Wir hatten große Freiheiten. Ich verbrachte viel Zeit allein, ging in den Wald oder fuhr mit dem Rad irgendwohin. Ich brauchte damals wie heute viel Zeit für mich.

Peter Stamm, o. J.

Als ich sieben oder acht Jahre alt war, holte mich mein bester Freund immer zu Hause ab, um mit mir zur Schule zu gehen. Irgendwann fing ich an, einen anderen Weg zu nehmen, um alleine zur Schule gehen zu können. Als meine Mutter mich fragte, weshalb ich das tue, soll ich gesagt haben, ich hätte sonst keine Zeit zu denken. Denken hieß wohl, in meine Phantasien einzutauchen. Ich hatte während der ganzen Schulzeit wenige, aber enge Freunde. Vom Rest der Klasse wurde ich respektiert, weil ich kein Streber war und mindestens zeitweise der Klassenclown. Ich war ganz kurz Mitglied bei den Wölfen (einer Unterorganisation der Pfadfinder). Mein Kosename war »Clown«. Aber ich bin schnell wieder ausgetreten. Mit vielleicht zehn oder zwölf Jahren entdeckte ich das Schwimmen […]

Ich bin relativ antiautoritär aufgewachsen. Unsere Eltern haben uns zur Selbstverantwortung erzogen […]

Ich habe eine kaufmännische Ausbildung gemacht und danach ein Jahr lang in Paris als Buchhalter gearbeitet. Danach holte ich die Matura nach und studierte ein halbes Jahr lang Anglistik. Dann ging ich für ein halbes Jahr nach New York. Als ich zurückkam, fing ich mit einem Psychologiestudium an. Im Nebenfach studierte ich Psychopathologie und Informatik. Ich habe die Zwischenprüfung gemacht, dann aber mit dem Studium aufgehört, um nur noch zu schreiben.

Ich wechselte von der Literatur zur Psychologie, weil ich schreiben wollte. Ich sagte mir, das Thema der Literatur ist nicht die Literatur, sondern der Mensch. Ich wollte mehr über die Menschen erfahren. Mit meiner Neugier war ich bei der Psychologie aber auch nicht ganz am richtigen Ort. Trotzdem glaube ich, dass das Studium mein Menschenbild geprägt hat […]

Ja, es war eine bewusste Entscheidung, das Schreiben ins Zentrum zu stellen. Deshalb habe ich das Studium abgebrochen […] Da ich meine Ausbildung nicht abschloss, hatte ich gar keine andere Wahl als zu schreiben. Oder wieder Buchhalter zu werden.

1 Stellen Sie mögliche Gründe zusammen, die Stamm veranlasst haben könnten, gerade diese Details aus seiner Biografie zu erzählen.

2 Stellen Sie aus Ihrer Lektüreerfahrung Beispiele vor, wie psychologische Kenntnisse das Verständnis literarischer Figuren erleichtern können.

Olga Olivia Kasaty / Peter Stamm

Schriftstellerischer Erfolg 2004

Die Arbeit an meinem ersten Romanprojekt begann ich mit 20. Am Anfang hatte ich großartige Träume, aber dann habe ich gemerkt, dass ich mein Schreiben nicht von Erfolgen abhängig machen konnte. Wenn man keinen Erfolg hat, muss die Motivation von woanders kommen. Schließlich schrieb ich nur noch aus Freude am Schreiben weiter. Und diese Freude ist im Laufe der Zeit noch gewachsen.

Als ich dieses ganze Lob bekam, war das einfach schön. Aber nachdem ich zehn Jahre lang außer Standardabsagen überhaupt keine Reaktionen auf meine Texte bekommen hatte, konnte ich auch die positiven Kritiken nicht ganz ernst nehmen. Man darf sich nichts vormachen. Selbst der erfolgreichste Autor ist meist in wenigen Jahrzehnten vergessen. Mein Schreiben wird vom Erfolg oder Misserfolg nur insofern beeinflusst, als ich Geld damit verdiene, das es mir erlaubt weiterzuschreiben. Es war bestimmt ein Vorteil, dass ich nicht mehr so jung war, als mein erstes Buch herauskam. Ich habe ein paar Mal beobachtet, wie jungen Autoren, die von der Kritik in den Himmel gelobt wurden, der Erfolg in den Kopf stieg. Ich denke, das hat ihrer Arbeit geschadet.

Ich habe auch nach dem Erfolg mit »Agnes« einfach weitergeschrieben. Mein Leben hat sich kaum verändert. Ich liebe meine Arbeit und würde wohl auch weiter schreiben, wenn ich keinen Erfolg mehr haben sollte mit meinen Texten. Glücklicherweise habe ich nie Existenzängste gehabt [...]

Wenn ich keine Bücher mehr verkaufen kann, dann werde ich mein Geld mit einer anderen Arbeit verdienen. Man muss frei und offen bleiben und sollte sich nicht davor fürchten, als Autor tot zu sein, wenn das nächste Buch nicht funktioniert [...]

Das Schriftstellerleben, das Künstlerleben hat seine Gefahren. Die Hektik und der Ehrgeiz und die Eitelkeit. Da besteht die Gefahr, dass man das Wichtige im Leben vergisst. Es kann doch nicht nur darum gehen, wie viel Erfolg man hat. Man sieht das manchmal bei älteren Schriftstellern: wie es sie deprimiert, weniger Erfolg zu haben, weniger Aufmerksamkeit zu bekommen. Und wie sie dann krampfhaft versuchen, sich mit kleinen Skandalen in den Vordergrund zu drängen. Was für ein trauriges Leben ist das!

Letztlich finde ich ein Leben spannender, in dem man versucht, glücklich zu sein, ohne sich dauernd darstellen zu müssen. Eitelkeit ist eine große Gefahr. Ein amerikanischer Autor, auf dessen Namen ich jetzt nicht komme, hat gesagt, er schreibe aus Eitelkeit, Gier und Geilheit. Man kann das etwas schöner ausdrücken, aber im Grunde gilt es wohl für die meisten Autoren. Ich nehme mich da gar nicht aus. Man muss sich einfach fragen, ob man so leben will.

Peter Stamm, 2005

1 Freude am Schreiben – Erfolg: Zeigen Sie, wie Stamm diese Beziehung sieht und beurteilt.

2 Stellen Sie Motive Stamms für sein Schreiben zusammen.

Lebenschronik

1963 Peter Stamm wird in Scherzingen/Kanton Thurgau (Schweiz) geboren; sein Vater war Buchhalter.

1979 Nach dem Besuch der Primar- und Sekundarschule beginnt er eine Lehre als Buchhalter.

1983 Er arbeitet in Paris als Buchhalter, anschließend legt er das Abitur (die Matura) auf dem Zweiten Bildungsweg ab.

1983/84 Er beginnt, sich mit dem Stoff zu »Agnes« zu beschäftigen.

1987 Er fängt ein Anglistik-Studium in Zürich an, bricht es aber nach einem halben Jahr wieder ab und schließt einen sechsmonatigen Aufenthalt in New York an.

1988 Er beginnt ein Psychologie-Studium mit Psychiatrie und Informatik als Nebenfächern; bricht es nach der Zwischenprüfung ab.

1990 Stamm beginnt in Zürich als Journalist zu arbeiten, u. a. für die Neue »Züricher Zeitung«; außerdem verfasst er eine Reihe von satirischen Texten für den »Nebelspalter«.

1991–1995 Es folgen erste literarische Veröffentlichungen: Hörspiele und Theaterstücke.

1995 Stamm wird mit dem Hörspielpreis der Stiftung »Radio Basel« zum ersten Mal ausgezeichnet.

1997 »Agnes« wird als Hörspielfassung gesendet.

1998 »Agnes« wird in der Romanfassung veröffentlicht; das stellt zugleich Stamms viel beachtetes Debüt als Prosaschriftsteller dar. Er erhält als Literaturpreis die Ehrengabe des Kanton Zürich. Danach veröffentlicht er in relativ dichter Folge weitere Erzählungen und Romane.

1999 Der Erzählband »Blitzeis« erscheint. Der Rauriser Literaturpreis wird ihm verliehen.

2000 Zum zweiten Mal wird er mit dem Hörspielpreis der Stiftung »Radio Basel« ausgezeichnet, im gleichen Jahr mit dem Rheingauer Literaturpreis.

2001 Stamms zweiter Roman »Ungefähre Landschaften« wird veröffentlicht. Auch in diesem Jahr erfährt er zwei Ehrungen: Er erhält die Ehrengabe der Stadt Zürich und den Preis der Schweizerischen Schillerstiftung.

2002 Wieder ein Jahr mit zwei Preisen: Stamm erhält den Carl-Heinrich-Ernst-Kunstpreis und den 1. Preis der Saarbrücker Autorentheater-Tage.

2003 »In fremden Gärten«, ein weiterer Band mit Erzählungen, erscheint; der Thurgauer Kulturpreis wird ihm verliehen.

2004 Im Wintersemester 2004/05 erhält Stamm die Poetikdozentur: Junge Autoren an der Rhein-Main-Hochschule in Wiesbaden; in diesem Rahmen hält er zwei Vorlesungen.

Ungefähre Landschaft (2001)
Kathrine, von Beruf Zöllnerin, lebt in einem norwegischen Dorf nördlich des Polarkreises. Die langen Winter prägen die Monotonie ihres Lebens zwischen der Kontrolle der einlaufenden Schiffe und dem Elvekroa, der einzigen Bar im Dorf. Die Fahrt auf Skiern zum Leuchtturm im ersten Licht im April signalisiert das Ende der Dunkelheit; Abwechslung bringt Thomas, von dem sie sich Erfolg und Höhepunkte in der Einförmigkeit ihres Lebens erhofft. Ihn heiratet sie in zweiter Ehe, steuert aber auf eine große Enttäuschung zu, aus der sie auf ihre erste Reise in südlichere Regionen flieht. Sie kommt – u. a. mit Christian, einem Dänen, den sie in ihrem Heimatdorf kennen gelernt hatte – bis nach Paris und in die Bretagne. Obwohl die Reise vordergründig eine weitere Enttäuschung darstellt, ist sie eine Reise Kathrines zu sich selbst, zur Frage, inwieweit sie bereit ist, ihr Leben selbst in die Hand zu nehmen anstatt sich treiben zu lassen.

Peter Stamm, 2009

2006 Der nächste Roman wird publiziert: »An einem Tag wie diesem«.
2008 Die Bände mit Erzählungen setzen sich fort: »Wir fliegen«.
2009 Stamms bislang letzter Roman »Sieben Jahre« erscheint.
2011 »Seerücken«, der jüngste Band mit Erzählungen, kommt heraus und wird für den Preis der Leipziger Buchmesse 2011 nominiert. Parallel zu diesen Prosawerken entstehen weitere Hörspiele, Theaterstücke und Kinderbücher.

An einem Tag wie diesem (2006)
Von einem Tag auf den anderen ändert Andreas sein Leben. Er wirft alles hin, verkauft seine Wohnung, kündigt seine Stelle in der Schule in Paris, in der er arbeitet, beendet die Beziehung zu der verheirateten Nadja, und reist mit Delphine, einer jungen Kollegin, mit der er auch eine Beziehung unterhält, in sein Heimatdorf, um nach einem halben Leben der Frau wieder zu begegnen, die er einmal geliebt hat. Die Reise in die Vergangenheit entpuppt sich aber als Enttäuschung und nicht als Neubeginn, und so führt ihn sein Weg zurück zu Delphine, die ihn in der Zwischenzeit verlassen hatte und den Rest ihrer Ferien an der Atlantikküste verbrachte. »Du bist allein, egal mit wem du zusammen bist« – dieser Satz Nadjas charakterisiert sein früheres Leben in Paris, und so wird die Fahrt in den Ort seiner Kindheit und seiner ersten Liebe auch eine Reise zu sich selbst.

Sieben Jahre (2009)
Alex, ein erfolgreicher Architekt, erzählt von seinem Leben zwischen zwei Frauen. Auf der einen Seite die schöne und erfolgreiche Sonja, die er heiratet; daneben die unscheinbare, eher spröde Iwona, von der er sich nicht lösen kann. Bei ihr fühlt er sich »lebendig«, ohne dass ihm klar wäre, worin dieses Gefühl genau besteht. Sonjas Kinderwunsch bleibt unerfüllt, und als Iwona von Alex schwanger wird, ist ihm klar, dass ein Weiterleben so wie bisher kaum möglich sein wird.

Entstehung

Olga Olivia Kasaty
Gespräch mit Peter Stamm 2004

In Ihrem Romandebüt gelingt die Liebe nicht, schon im ersten Satz erfährt der Leser, dass Agnes tot ist, dass sie infolge einer Verschmelzung der Realität und Illusion in einer Geschichte getötet wurde. Der Erzählband »Blitzeis« (1999) besteht aus neun Liebesgeschichten, in denen die Figuren sich zwischen Liebeswunsch und Liebesflucht befinden. Immer wenn sich eine warme Gefühlsregung, die Möglichkeit von Nähe, von erfüllter Sexualität einstellt, ergreifen sie die Flucht. Inwieweit enthalten diese realistischen Geschichten biografische Momente?

Agnes gibt es als reale Person zwar nicht, aber diese Geschichte haben Sie selbst erlebt […]

Inwieweit diese Geschichten autobiografisch sind, ist nicht von Belang. Natürlich verwende ich wie jeder kreativ Arbeitende Material aus den unterschiedlichsten Quellen, unter anderem auch aus meinem Leben. Aber indem ich dieses Material verarbeite, verliert es jeden persönlichen Bezug. Selbst wenn ich eine Geschichte wiederlese, die ihre Wurzeln in meinem eigenen Leben hat, denke ich nicht an die Ereignisse zurück, die ihr zugrunde liegen, sondern lese die Geschichte als etwas von mir Unabhängiges und in sich Geschlossenes.

Meine Texte sind Teil meines Lebens, nicht weil ich sie erlebt habe, sondern weil ich sie geschrieben habe. Das heißt sie sind persönlich, aber nicht autobiografisch. Vielleicht sind sogar die Geschichten am persönlichsten, die am wenigsten autobiografisch sind. Wenn man von sich selbst erzählt, fängt man ja sofort an, zu verändern, zu lügen, umzuschreiben. Am ehrlichsten ist man wohl, wenn man eine Geschichte erfindet.

Die Idee, den ersten Roman zu schreiben, bekamen Sie in der Silvesternacht vor Ihrem zwanzigsten Geburtstag, die aber, wie Sie erzählen, zu einem schlechten Ende führte. Ihr erster Roman erschien schließlich erst 15 Jahre später. Könnten Sie vielleicht ein bisschen diese Zeit der abgeschickten und abgewiesenen Manuskripte illustrieren, von Ihrem schriftstellerischen Werdegang und den Etappen erzählen, in denen sich Ihr Schreiben bis zu Ihrer Erstveröffentlichung entfaltet hat?

Ich bin ein sehr ausdauernder Mensch und kann sehr lange in die falsche Richtung gehen, bevor ich einsehe, dass es besser wäre umzukehren. Ich arbeitete oft

1 »Meine Texte sind Teil meines Lebens« – erläutern Sie, wie der Autor von »Agnes« diesen Satz verstanden haben will.

2 Kennen Sie literarische Texte, bei denen der Autor Material aus seinem Leben verwendet hat? Bringen und erläutern Sie Beispiele.

sehr lange an Manuskripten, die von Anfang an zum Scheitern verurteilt waren. Dabei bildete ich mir natürlich immer ein, ich sei etwas ganz Großem auf der Spur.

Es ist mir heute selbst schleierhaft, wie ich so lange durchgehalten habe. Ich muss sehr verblendet gewesen sein.

Peter Stamm

Über sich selbst 2011

Es ist mir heute noch schleierhaft, weshalb ich im Herbst 1990 das Selbstvertrauen hatte, mein Psychologie-Studium abzubrechen, um mich ganz meiner Schriftsteller-Karriere zu widmen. Zwar konnte ich kurz darauf mein erstes Hörspiel verkaufen, dann geschah aber nicht mehr viel.

Ende 1992 fuhr ich für drei Monate nach New York, um nur zu schreiben. In dieser Zeit liegen die Wurzeln für einige Geschichten aus »Blitzeis«.

Im Februar hatte ich die erste Idee für »Agnes«. Erst wurde daraus eine Novelle, die zu kurz war für ein Buch. Ich versuchte, sie zu verkaufen, was mir nicht gelang.

Es folgten Jahre, in denen ich Satiren schrieb und Reportagen. »Agnes« blieb liegen. 1997 machte ich aus »Agnes« ein Hörspiel und fing wieder an, an der Novelle zu arbeiten. Ich erweiterte den Text, konnte ihn aber noch immer nicht verkaufen. Durch zwei Zufälle – die Bekanntschaft mit einer Agentin und die Tatsache, dass die Schweiz 1998 Gastland der Frankfurter Buchmesse war – fand ich dann endlich einen Verlag und wurde zum »published author«.

Peter Stamm, 2006

1 Stellen Sie sich vor, Peter Stamm käme zu einer Lesung an Ihre Schule. Gestalten Sie in Kleingruppen einen mehrteiligen Flyer, mit dem Sie ihn der Schulöffentlichkeit als interessanten Autor vorstellen möchten. Legen Sie dazu die Informationen von S. 6–11 zugrunde sowie Weiteres, was Sie im Internet oder in Fachzeitschriften zu Stamm finden können.

2 Die Seiten 6–11 enthalten verschiedene Portraitfotos des Autors. Eines davon soll auf die erste Seite des Flyers gesetzt werden. Einigen Sie sich in Ihrer Gruppe, welches das sein soll, und verfassen Sie eine Begründung für Ihre Auswahl.

Erzählebenen

Die Erzählebenen in Erzählabschnitte gliedern

1 »Agnes« spielt auf zwei Erzählebenen: Die eine (Ee 1) stellt der Roman des Autors Peter Stamm dar, die andere (Ee 2) die »Geschichte in der Geschichte«, die Stamm den Erzähler schreiben lässt.
Teilen Sie den Roman – nach der Handlung auf der Ee 1 – in größere Erzählabschnitte ein, indem Sie sich überlegen, welche Kapitel man zu einem solchen Abschnitt zusammenfassen könnte.

2 Tragen Sie in die folgende Tabelle Ihre Erzählabschnitte ein. Versehen Sie jeden der Abschnitte mit einer Überschrift und fügen Sie wichtige Unterpunkte hinzu.

Erzählebene 1

Erzählabschnitte	Überschriften und wichtige Unterpunkte
1 Kapitel 1 und 36	Erzählrahmen: Rückblick auf die Geschehnisse
2 Kapitel 2–8	Beginn der Beziehung Agnes – Erzähler – ihr Kennenlernen in der Bibliothek – –

3 Teilen Sie jetzt den Text der Erzählebene 2 (Ee 2) in größere Abschnitte ein. Notieren Sie Ihre Ergebnisse wieder in die folgende Tabelle.

Erzählebene 2

Erzählabschnitte	Überschriften und wichtige Unterpunkte
1 Kapitel 9–10	Die Initiierung der »Geschichte in der Geschichte« – Agnes' Erwartungen

Das Verhältnis der Erzählebenen untersuchen

1 In welchen Kapiteln stehen die beiden Ebenen harmonisch beieinander, in welchen tut sich ein Spannungsverhältnis zwischen beiden auf?

Harmonie

Kapitel	Begründung
9, 10	Die Handlung auf der Ee 1 wird durch die Ee 2 vorangetrieben, beide Protagonisten, sehen – trotz des Erzählers Skrupel – Vorteile: – Agnes: – Erzähler:

Disharmonie/Spannung

Kapitel	Begründung
9, 10	Erzähler korrigiert auf der Ee 2 sein Verhalten in der Ee 1; beides steht im Widerspruch zueinander.

2 Auf den Seiten 8 und 9 werden Ihnen in den Randspalten weitere Romane Stamms vorgestellt. Schreiben Sie einen vergleichbaren Text zu »Agnes«.

Fiktionalität – Virtualität

Armin Barsch

Fiktion/Fiktionalität 2008

Fiktion/Fiktionalität (lat. *fingere*: bilden, erdichten, vortäuschen), Bezeichnung für den erfundenen bzw. imaginären Charakter der in literar(ischen) Texten dargestellten Welten. Die Auffassung, dass Aussagen in literar(ischen) Texten bezüglich eines Wahrheitsanspruches ein Sonderstatus zukommt, zieht sich mit unterschiedlichen Bewertungen durch die gesamte Geschichte lit(eratur)wissenschaftlicher Theoriebildung. So findet sich […] [die Auffassung] von der Lügenhaftigkeit der Dichtung ebenso wie die Vorstellung von Lit(eratur) als Ausdruck einer höheren Wahrheit im Rahmen einer erfundenen Wirklichkeit.

Ich glaube, Agnes versteht grundsätzlich falsch, wie Literatur funktioniert. Ein literarischer Text gehorcht nur sich selbst. Dass er wahr ist, bedeutet nicht, dass er die Wahrheit über das aussagt, was in der Wirklichkeit ist. Der Wahrheitsgehalt eines literarischen Textes bezieht sich nur auf den Text selbst.

Peter Stamm Stamm im Gespräch mit O. Kasaty, 2004

Umberto Eco

Der Fiktionsvertrag 1994

Es war einmal … »ein König!« werden meine lieben Zuhörer sofort sagen. Richtig, diesmal habt ihr's erraten. Es war einmal der letzte König von Italien, Vittorio Emanuele III., der nach dem Zweiten Weltkrieg ins Exil geschickt wurde. Dieser König stand im Ruf, ein Mann von geringer humanistischer Bildung zu sein, mehr an wirtschaftlichen und militärischen Fragen interessiert, wenn auch ein leidenschaftlicher Sammler alter Münzen. Eines Tages, so wird erzählt, musste er eine Gemäldeausstellung eröffnen und war also gezwungen, durch die Säle zu gehen und die Bilder zu bewundern. Vor einer idyllischen Landschaft, die ein liebliches Tal mit einem Dorf am Berghang zeigte, stand er lange betrachtend, dann fragte er den Direktor der Ausstellung: »Wie viele Einwohner hat dieses Dorf?«

Die Grundregel jeder Auseinandersetzung mit einem erzählenden Werk ist, dass der Leser stillschweigend einen Fiktionsvertrag mit dem Autor schließen muss, der […] die willentliche Aussetzung der Ungläubigkeit [beinhaltet]. Der Leser muss wissen, dass das, was ihm erzählt wird, eine ausgedachte Geschichte ist, ohne darum zu meinen, dass der Autor ihm Lügen erzählt; […] der Autor tut einfach so, als ob er die Wahrheit sagt, und wir akzeptieren den Fiktionsvertrag und tun so, als wäre das, was der Autor erzählt, wirklich geschehen.

*Umberto Eco (*1938), italienischer Sprachwissenschaftler und Romancier*

1 Was macht der italienische König »falsch«?

2 Erläutern Sie, was Umberto Eco mit »Fiktionsvertrag« meint.

Frank Zipfel

Fiktion 2001

Frank Zipfel beschäftigt sich in den ersten beiden Abschnitten seines Textes mit der Seite des Produzenten, des Autors.

1 Welche Rolle spielt bei Zipfel die Intention des Autors?

2 Was ist mit dem »So-Tun-Als-Ob« gemeint?

In den letzten beiden Abschnitten spricht Zipfel vom Rezipienten, dem Leser.

3 Welchen Beitrag zur Fiktion muss er leisten?

4 Was bedeutet in diesem Zusammenhang der Begriff »make-believe-Haltung«?

5 Welche Bezüge gibt es zwischen Ecos Text und Zipfels Ausführungen?

[Nach Ansicht v. a. angelsächsischer Autoren] besteht das konstitutive Charakteristikum fiktionaler Texte einzig und allein in damit verbundenen Autorintentionen […]. [Man] sieht die Produktion von fiktionalen Texten als eine genuine Sprachhandlung […], die durch spezifische Intentionen des Autors charakterisiert wird […]. Die spezifischen mit der Fiktions-Produktion verbundenen Fiktions-Intentionen beziehen sich auf die Art und Weise, wie der Autor seinen Text gelesen und verstanden wissen möchte. […]

Der Autor eines fiktionalen Textes macht keine ernsthaften Behauptungen, er gibt nur vor, Behauptungen zu machen. Er äußert zwar Behauptungssätze, aber ohne damit den […] Akt des Behauptens vollziehen zu wollen. Vorgeben, eine Behauptung zu vollziehen, bedeutet in diesem Zusammenhang ein So-Tun-Als-Ob, jedoch ohne Täuschungsabsicht.

[…]

Von einem Rezipienten, der eine Erzählung als fiktionale erkannt hat, wird erwartet, dass er die Haltung des *make-believe* einnimmt: […] eine Art Ausklammerung oder Einklammerung des Unglaubens, der gegenüber nichtwirklichen Geschichten eigentlich geboten ist. Die Haltung des *make-believe* einnehmen bedeutet, sich selbst für die Zeit der Lektüre in einer gewissen Weise glauben zu machen, dass die erzählte Geschichte wahr ist. [D]er Rezipient hält die fiktive Geschichte ebenso wenig für wahr, wie der Autor sie als wahre Geschichte behauptet […] [D]er fiktive Adressat liest die Geschichte ebenso sehr als wahr, wie der Erzähler sie als eine in der fiktiven Welt […] passierte erzählt […] [M]it Hilfe der Metapher des Rollenspiels ausgedrückt: »der Rezipient übernimmt eine Rolle, die unabhängig ist vom konkreten Kontext seiner Lebensgeschichte«.

[Man muss also] den Spielcharakter der *make-believe*-Haltung und die damit verbundene aktive Spiel-Beteiligung des Rezipienten unterstreichen. So [erscheint] die Beteiligung des Lesers bei der Fiktions-Rezeption in Analogie zum Beteiligt-Sein von Kindern an ihren Spielen. Wenn Kinder Cowboy-und-Indianer spielen, gehört dazu nicht nur, dass einfache Gegenstände zu Requisiten […] des Spiels werden, dass z. B. ein langer schmaler Baumast (je nachdem) ein Gewehr oder einen Speer vorstellt und ein kurzes Holzstück einen Colt, sondern auch, dass die Kinder so an ihrem Spiel beteiligt sind, dass sie selber zu ›Requisiten‹ […] in ihrem Spiel werden, d. h. dass z. B. Peter ein Cowboy ist und David ein Indianer. In ähnlicher Weise beinhaltet das *make-believe*-Spiel mit Texten, dass der Rezipient zu einem Bestandteil seines eigenen Spiels wird.

Achim Bühl

Virtualität 2000

Unter Virtual Reality verstehen wir Techniken, die es erlauben, einen Menschen unmittelbar in computergenerierte Entwicklungsumgebungen zu integrieren, im Unterschied etwa zu reinen Computersimulationen, bei denen ein Eintauchen, eine Immersion, nicht stattfindet. Virtual Reality heißt, dass die reale durch eine künstliche Welt aus dem Computer ersetzt wird und dass man in diese neue Realität eintauchen kann, als sei sie echt. Im Gegensatz zur Animation passiert hier alles in Echtzeit, d. h. jede Reaktion wird sofort in den virtuellen Raum umgesetzt.

Die Technik der Virtual Reality spricht dabei mehrere Sinne des Menschen zugleich an, wie beispielsweise den Sehsinn, den Tastsinn, den Gehörsinn und perspektivisch auch den Geruchssinn. Virtuelle Entwicklungsumgebungen als perspektivische Schnittstellen sind damit dem intuitiven Verständnis des Menschen wesentlich näher als etwa die bislang über Menüs, Windows und die Maus verfügbare »Desktop«-Schnittstelle.

Zu den Eigenschaften virtueller Entwicklungsumgebungen gehört ferner das bereits benannte Charakteristikum der Echtzeit. Damit virtuelle Welten den Eindruck vermitteln können, reale Welten zu sein, muss sich mit den Bewegungen des Users auch dessen perspektivisches Bild verändern und dies ohne wahrnehmbare Zeitverzögerung, so dass sich für den Anwender computererzeugter Räume eine Art »Walk-Through-Effekt« ergibt.

Bei virtuellen Welten im engeren Sinne kann der Anwender in der computergenerierten Umgebung interagieren, d. h. er verfügt über die Möglichkeit, Gegenstände zu verändern, wie etwa ein Glas auf einem Tisch zu verschieben, Türen zu öffnen, Objekte zu fühlen.

Die Grenzen gegenwärtiger VR-Systeme (= Virtual-Reality-Systeme) ergeben sich daraus, dass sie die menschliche Wahrnehmung nur indirekt beeinflussen können. Die Sinnesorgane des Menschen werden mit der klassischen VR-Ausrüstung zwar stimuliert, doch die Scheinwelt selbst entsteht erst im Gehirn des Menschen. Eine logische Schlussfolgerung ist die Entwicklung neuronaler Schnittstellen. So folgert […] [ein Fachmann]: »Längerfristig wird dieser direkte Zugang zum Nervensystem die einzige Möglichkeit darstellen, die Versprechungen der virtuellen Welt zu realisieren […]«.

1 Stellen Sie Unterscheidungsmerkmale zwischen »Fiktionalität« und »Virtualität« zusammen.

»Fiktion« und »Virtualität« auf den Roman anwenden

1 In einem ersten Schritt geht es darum, die auf den Leser bezogenen Definitionsmerkmale von »Fiktion« mit Agnes' Verhalten und ihren Wünschen in ihrer Rolle als Rezipientin = Leserin in Kap. 9 und 10 zu vergleichen. Sie können dies mit Hilfe des folgenden Schemas durchführen:

Auf den Rezipienten bezogene Definitionsmerkmale	Agnes' Haltung und ihre Wünsche

2 Inwieweit erfüllt der Erzähler den Fiktionsvertrag? Erarbeiten Sie eine Gliederung der Geschichte des Erzählers wie folgt:

Kapitel	Inhalt der Geschichte	Beziehungen zwischen Geschichte und Realität

3 Beschreiben Sie die Auffälligkeiten des Druckbilds.

4 Stellen Sie die Romanpassagen zusammen, in denen der Bildschirmschoner »Starfield Simulation« eine Rolle spielt.

5 Erarbeiten Sie eine Präsentation zu den beiden folgenden Fragestellungen:
– Inwieweit wird mit der Geschichte des Erzählers und mit dem Motiv des Bildschirmschoners eine fiktionale oder eine virtuelle Welt geschaffen?
– Agnes bezeichnet (S. 118) die Geschichte des Erzählers als »Lüge«. Begründen Sie, ob Sie dieser Ansicht zustimmen oder nicht.
Nehmen Sie dabei Bezug auf die theoretischen Texte des Kapitels; beachten Sie auch die unterschiedliche Beziehung der Protagonisten zu dem Bildschirmschoner.

6 Vorschlag für eine zusätzliche Arbeitsanregung: Es gibt in der Realität ein berühmtes »Vorbild« für den Erzähler und seine Geschichte: Johann Wolfgang Goethe und sein Roman »Die Leiden des jungen Werthers«. Informieren Sie Ihren Kurs über
– die biografischen Hintergründe des Romans und
– die Frage nach seinem Fiktionscharakter.

Motive für die Realitätsflucht

Alfried Längle

Das Leiden des Depressiven 1987

Wenn wir fragen, worunter der Depressive leidet, so erhalten wir die durchgängige Antwort, dass es ihm nicht möglich sei, (derzeit) so frei und erfüllt zu leben, wie er es sich vorstellt oder wie er es von früher her kennt. Dem Depressiven ist eine ihm bekannte oder erstrebte Existenzweise vorenthalten. Sein Leben ist arm, verarmt in seiner Fülle. Zwar wird diese Fülle erahnt oder vom früheren Leben her erinnert. Ihr vielversprechender Glanz ist aber in unerreichbare Ferne gerückt – die Größe des Lebens ist in sich zusammengesunken […].

Nicht aus mir allein kann ich zur Existenz gelangen; wie ich auch nicht aus mir geboren bin. Der Funke, der zu existentiellem Sein führt, entsteht durch das Zusammentreffen meiner noetischen Fähigkeiten mit einer Situation, die mich zum Schwingen bringt […] Die Existentialität des Menschen blitzt dann auf, wenn seine Bereitschaft, sich auf etwas einzulassen, auf ein Gegenüber trifft, und wenn – was immer gleichzeitig geschieht – der Anreiz des Gegenübers die Bereitschaft weckt, sich darauf einzulassen. Das *Gewahrwerden eines Gegenübers* ist der erste existentielle Schritt. Dieser philosophisch beschriebene Schritt geschieht in dem, was die Psychologie als Wahrnehmung bezeichnet. Ihr folgt als zweiter Schritt die *Bewertung* des Wahrgenommenen, was im Wesentlichen das Erfühlen der Sinnmöglichkeiten ist. Im dritten Schritt zur Existentialität, in der Stellungnahme, entfaltet der Mensch seine Personalität. Schließlich fordert Existentialität, sich im Handeln leibhaftig einzulassen auf die Situation […]

Existentialität ist in jedem der Schritte und grundsätzlich: *Sich-Auseinandersetzen* mit jener Wirklichkeit, in die wir nun einmal – gefragt oder ungefragt – eingebettet sind.

Existentialität bedeutet, auszumachen, in welcher Situation ich mich zurücknehmen und verweigern soll; auszumachen, wofür ich mich hergebe und an was ich mich hingebe; und dies dann auch zu tun. Existentielles Leben bindet daher Freiheit und Verantwortung in seinem Vollzug ein (darin gehen die drei Existentialien: Geistigkeit, Freiheit und Verantwortlichkeit auf [...]).

Wie kommt es, dass der Aufgabencharakter des Lebens in so erdrückendem Maße für den Depressiven anwächst? Warum versiegen dem Depressiven die Kräfte? Wodurch ist ihm die Zukunft versperrt?

[...] (Er) bleibt [...] in sich verhaftet und zu sehr mit sich selbst beschäftigt. Dabei entwickelt sich ein Druck gegen sich selbst, wie wenn die eigene Natur sich gegen die eingrenzenden Wände des Ichs stellen würden. Der Depressive pendelt fortan zwischen Autoaggression und Weichheit (Selbstmitleid) [...] Das Bewusstsein der Depressiven ist geprägt vom Vorherrschen der *Möglichkeitsrepräsentanz*.

Statt sich an das zu halten, was sie wirklich sehen und erleben, oder was sie durch ihr Handeln als Wirklichkeit erfahren (»Wirklichkeitsrepräsentanz«), leben sie in Annahmen. (Sie setzen) sich [...] verstärkt mit den Möglichkeiten, also der denkerisch antizipierten Zukunft, auseinander, stolpern jedoch über die Gegenwart. [...]

Man könnte von einem partiellen *existentiellen* Vakuum sprechen: Der Depressive stellt sich nicht dem, was sich jetzt ereignet, sondern wartet stets auf bessere Zeiten oder sehnt sich nach besseren Zeiten zurück. Das Wesen des Zeitbezugs depressiver Menschen scheint mir in der Gegenwartsflucht zu liegen. Dabei ist es unwesentlich, ob der Bezugspunkt in der Zukunft oder in der Vergangenheit liegt, er muss nur unerreichbar für das gegenwärtige Leben sein [...]

Durch die fehlende Auseinandersetzung mit der Wirklichkeit, durch den Mangel an tatsächlichem Sich-Einlassen in die Situation – und zwar als leibhaftiger Mensch mit Haut und Haar, mit Herz und Hand, nicht nur mit dem Geiste – wird der existentielle Boden des Depressiven immer weiter unterspült, so dass er immer tiefer in ein Loch hinabsinkt. Das Niveau, auf dem der Depressive steht, sinkt relativ zum Niveau des sich stets realisierenden Lebens ab, und die Spannung zwischen Sein und Sollen nimmt gleichermaßen zu [...]

Durch den Mangel an inneren und äußeren Entscheidungsgrundlagen ist das Leben des Depressiven weitgehend fremdbestimmt und außengeleitet. Er lässt sich zwingen. Er orientiert sich an dem, was andere sagen und tun. Seine konformistische Lebenshaltung steht unter dem Etikett der »Rücksichtsnahme«. Selbstunsicherheit, Lähmung und Fremdbestimmtheit (»Rücksichtsnahme«) sind die wesentlichen Symptome der nicht gelebten Freiheit.

1 Entwerfen Sie eine Mindmap, mit deren Hilfe Sie die Aussagen des Textes S. 20/21 strukturieren und grafisch aufbereiten. Achten Sie darauf, dass die zentralen Begriffe (z. B. *Möglichkeitsrepräsentanz*) vorkommen.

2 Notieren Sie sich zu jedem Punkt der Mindmap, inwieweit sich ein Bezug zur Figur der Agnes erkennen lässt.

3 Führen Sie ein Rundgespräch darüber, inwieweit in den Ergebnissen von Aufgabe 2 Gründe für Agnes' Einstellung zu der Geschichte des Erzählers liegen können.

Lexikonartikel

Angst 2009

Edvard Munch: Der Schrei, 1895

Der Begriff der Angst ist abgeleitet vom Lateinischen Wort »angustus«, das die Bedeutung »eng« hat. Tatsächlich sind Enge und Angst nicht nur begrifflich miteinander verwandt: Als Angst bezeichnet man allgemein eine Stimmung oder ein Gefühl der Beengtheit, Beklemmung oder Bedrohung, einen unangenehmen, spannungsreichen, oft quälenden emotionalen Zustand. Ist dieser Zustand ins Extreme gesteigert, spricht man von Panik. Die Angst ist einer der elementaren Affekte und zugleich ein zentrales Symptom seelischer Störungen. Angst erfasst den ganzen Menschen als Reaktion auf überwältigende oder als überwältigend vorgestellte Reize. Sie wurzelt letztlich in der Todesangst und hängt entwicklungsgeschichtlich mit Flucht- und Vermeidungsreaktionen zusammen, die man auch bei vielen Tieren beobachten kann.

Im Allgemeinen wird die Angst vor einer konkreten Situation oder vor einem Objekt, etwa einer Schlange, als Furcht bezeichnet, und die Angst vor etwas Unbestimmtem als Angst. Allerdings wird diese Unterscheidung, auch in der wissenschaftlichen Literatur, nicht durchgängig eingehalten: So wird doch von der Angst vor dem Hund, vor dem Scheitern bei einer Prüfung, vor dem Tod oder von der Furcht vor etwas Unheimlichem gesprochen. […]

Angst hat die wichtige physiologische Funktion von Warnsignalen; sie macht auf eine Gefährdung aufmerksam und löst beim Betreffenden als Antwort darauf Aktivität aus. Angst kann so die Leistungsfähigkeit steigern und zum Handeln motivieren. Sie ist tief im Zentralnervensystem verankert und ermöglichte mit der Fähigkeit, auf Gefahr zu reagieren, überhaupt die menschliche Evolution. Solche primären Angstreaktionen sind als Abwehr- oder Fluchtreflexe noch beim Menschen nachweisbar, beispielsweise im spontanen Sichducken, Ausstrecken der Arme oder fluchtartigen Davonlaufen bei körperlichen Angriffen. Ebenso kann Angst vor einer Verletzung sozialer Normen warnen. Sie ist aber auch ein Antrieb zu Fantasie und Gestaltung in der Kunst.

Die Angst ist die große Gegenspielerin der Lust. Ist Angst vorhanden, empfindet man keine Lust: Das Essen schmeckt nicht, Sexualität ist nicht möglich oder nicht mit Befriedigung verbunden, der Urlaub wird als Belastung empfunden. […] Angst wirkt sich auf die Leistungsfähigkeit aus: Mäßige Angst steigert die seelische und körperliche Leistungsfähigkeit, heftige hingegen blockiert die geistige Konzentration, lähmt die Bewegungen und engt die Wahrnehmung ein. Während die normale Angst vor einer wichtigen Situation, etwa beim Auftritt eines Schauspielers, der sein Lampenfieber spürt, beim Erleben der ersten erfolgreichen Schritte verschwindet, bleibt die neurotische Angst bestehen und beeinträchtigt die geistige Leistung.

1 Der Text unterscheidet zwischen positiven und negativen Auswirkungen von Angst. Stellen Sie jeweils eine Liste zusammen.

2 Versuchen Sie der Definition noch Aspekte hinzufügen und diskutieren Sie sie in Ihrem Kurs.

Max Frisch

Du sollst dir kein Bildnis machen 1950

Es ist bemerkenswert, daß wir gerade von dem Menschen, den wir lieben, am mindesten aussagen können, wie er sei. Wir lieben ihn einfach. Eben darin besteht ja die Liebe, das Wunderbare an der Liebe, daß sie uns in der Schwebe des Lebendigen hält, in der Bereitschaft, einem Menschen zu folgen in allen seinen möglichen Entfaltungen. Wir wissen, daß jeder Mensch, wenn man ihn liebt, sich wie verwandelt fühlt, wie entfaltet, und daß auch dem Liebenden sich alles entfaltet, das Nächste, das lange Bekannte. Vieles sieht er wie zum ersten Male. Die Liebe befreit es aus jeglichem Bildnis. Das ist das Erregende, das Abenteuerliche, das eigentlich Spannende, daß wir mit den Menschen, die wir lieben, nicht fertig werden: weil wir sie lieben; solang wir sie lieben. […]

Unsere Meinung, daß wir das andere kennen, ist das Ende der Liebe, jedes Mal, aber Ursache und Wirkung liegen vielleicht anders, als wir anzunehmen versucht sind – nicht weil wir das andere kennen, geht unsere Liebe zu Ende, sondern umgekehrt: weil unsere Liebe zu Ende geht, weil ihre Kraft sich erschöpft hat, darum ist der Mensch fertig für uns. Er muß es sein. […]

»Du bist nicht«, sagt der Enttäuschte oder die Enttäuschte: »wofür ich dich gehalten habe.«

Und wofür hat man sich denn gehalten? Für ein Geheimnis, das der Mensch ja immerhin ist, ein erregendes Rätsel, das auszuhalten wir müde geworden sind. Man macht sich ein Bildnis. Das ist das Lieblose, der Verrat. […]

Kassandra, die Ahnungsvolle, die scheinbar Warnende und nutzlos Warnende, ist sie immer ganz unschuldig an dem Unheil, das sie vorausklagt?

Dessen Bildnis sie entwirft.

Irgendeine fixe Meinung unsrer Freunde, unsrer Eltern, unsrer Erzieher, auch sie lastet auf manchem wie ein altes Orakel. Ein halbes Leben steht unter der heimlichen Frage: Erfüllt es sich oder erfüllt es sich nicht. Mindestens die Frage ist uns auf die Stirne gebrannt, und man wird ein Orakel nicht los, bis man es zur Erfüllung bringt. Dabei muß es sich durchaus nicht im geraden Sinn erfüllen; auch im Widerspruch zeigt sich der Einfluß, darin, daß man so nicht sein will, wie der andere uns einschätzt. Man wird das Gegenteil, aber man wird es durch den andern.

Eine Lehrerin sagte einmal zu meiner Mutter, niemals in ihrem Leben werde sie stricken lernen. Meine Mutter erzählte uns jenen Ausspruch sehr oft; sie hat ihn nie vergessen, nie verziehen; sie ist eine leidenschaftliche und ungewöhnliche Strickerin geworden, und alle die Strümpfe und Mützen, die Handschuhe, die Pullover, die ich jemals bekommen habe, am Ende verdanke ich sie allein jenem ärgerlichen Orakel! […]

Max Frisch (1911–1991). Schweizer Autor und Architekt, schrieb vor allem Romane, Erzählungen, Theaterstücke. Seine bekanntesten Werke sind: »Stiller«, »Homo faber«, »Mein Name sei Gantenbein«, »Biedermann und die Brandstifter«, »Andorra«

In gewissem Grad sind wir wirklich das Wesen, das die andern in uns hineinsehen, Freunde wie Feinde. Und umgekehrt! Auch wir sind die Verfasser der andern; wir sind auf eine heimliche und unentrinnbare Weise verantwortlich für das Gesicht, das sie uns zeigen, verantwortlich nicht für ihre Anlage, aber für die Ausschöpfung dieser Anlage. Wir sind es, die dem Freunde, dessen Erstarrtsein uns bemüht, im Wege stehen, und zwar dadurch, dass unsere Meinung, er sei erstarrt, ein weiteres Glied in jener Kette ist, die ihn fesselt und langsam erwürgt. Wir wünschen ihm, dass er sich wandle, o ja, wir wünschen es ganzen Völkern! Aber darum sind wir noch lange nicht bereit, unsere Vorstellung von ihnen aufzugeben. Wir selber sind die letzten, die sie verwandeln. Wir halten uns für den Spiegel und ahnen nur selten, wie sehr der andere seinerseits eben der Spiegel unsres erstarrten Menschenbildes ist, unser Erzeugnis, unser Opfer.

Originale Rechtschreibung

Bertolt Brecht (1898–1956), Autor, Regisseur und Theatertheoretiker

Bertolt Brecht

Wenn Herr K. einen Menschen liebte 1953

»Was tun Sie«, wurde Herr K. gefragt, »wenn Sie einen Menschen liebten?« »Ich mache einen Entwurf von ihm«, sagte Herr K., »und sorge, daß er ihm ähnlich wird.« »Wer? Der Entwurf?« »Nein«, sagte Herr K., »der Mensch.«

Originale Rechtschreibung

Peter Stamm

Die Bilder der Protagonisten 2004

Es ging mir in »Agnes« um die Bilder, die wir uns von anderen Menschen machen. Man lebt in Beziehungen oft nicht so sehr mit der geliebten Person als mit dem Bild, das man sich von dieser Person gemacht hat. Ich glaube, das ist der Grund für einen großen Teil der Beziehungsprobleme. Die Bilder im Kopf sind oft stärker als die Realität. Es ist verblüffend, wie sehr die Realität von unseren Vorstellungen abweichen kann, bevor wir es bemerken. Oft werden die Bilder, die wir voneinander haben, im Streit besonders deutlich. Wenn dann einer sagt, das habe er so nicht gemeint, und der andere auf seinem Missverständnis beharrt, als wisse er besser, was im Kopf seines Partners vorgeht, als dieser selbst. Solche Vorstellungen, solche Bilder aufzugeben ist sehr schwierig.

1 Welchem Text, dem von M. Frisch oder dem von B. Brecht, würden Sie spontan eher zustimmen? Begründen Sie mit Zitaten aus den Texten.

2 Stellen Sie Bezüge her zwischen den Aussagen Stamms und den Positionen Frischs und/oder Brechts.

Motive der Realitätsflucht beschreiben

1 Teilen Sie den Kurs in zwei Gruppen: die eine beschäftigt sich mit Agnes, die andere mit dem Erzähler.

Gruppe »Agnes«

1. Erstellen Sie arbeitsteilig eine Liste von depressiven Zügen der Figur der Agnes.
2. Beschreiben Sie die Rolle der Literatur/von literarischen Gestalten in diesem Zusammenhang und zeigen Sie die Problematik auf.
3. An einigen Textstellen spielt Agnes' Vater eine Rolle, z. B. S. 32/33, 40 und 54. Wie beurteilen Sie sein Verhalten und die Auswirkungen auf Agnes? Interpretieren Sie in diesem Zusammenhang die Passage S. 32/33.
4. Agnes erwähnt mehrfach ihren Wunsch, Spuren zu hinterlassen. Suchen Sie arbeitsteilig entsprechende Textstellen und gehen Sie der Frage nach, welche Zusammenhänge zwischen ihren depressiven Zügen und dem Motiv des Spuren-Hinterlassens bestehen könnten.
5. Überprüfen Sie, ob sich die Äußerungen von Peter Stamm auf S. 24 auch auf Agnes beziehen lassen.
6. Einsamkeit – Liebe: Inwieweit treffen die beiden Begriffe auf Agnes zu? Wie stehen sie zueinander?
7. Welche Rolle spielt der Motivkomplex Schnee/Kälte für Agnes?

Gruppe »Erzähler«

1. Interpretieren Sie die Textstelle S. 80, Z. 18 – S. 81, Z. 28 unter dem Gesichtspunkt von »Angst«. Berücksichtigen Sie dabei die entsprechende Lexikondefinition.
2. Welche Rolle spielt das Schreiben von fiktionalen Texten für den Erzähler? Beziehen Sie den Begriff »Projektion« sowie die Texte von S. 80–82 und S. 150–152 mit ein.
3. Stellen Sie Gründe für sein anfängliches Zögern zusammen und beschreiben Sie, inwiefern die Geschichte auch für ihn Hilfe bedeutet.
4. Stamm bezieht seine S. 24 abgedruckten Aussagen nicht auf bestimmte Figuren des Romans. Trifft der Vorwurf, er habe Agnes nach seinem Bild zu modellieren versucht, auf den Erzähler zu? Beziehen Sie Louises Äußerungen S. 101, Z. 12–S. 102, Z. 5 mit in Ihre Überlegungen ein.
5. Freiheitsbedürfnis – Liebe: Gehen Sie der Frage nach, was er unter jedem der beiden Begriffe versteht und problematisieren Sie seine Vorstellungen.
6. Inwiefern kann man in Bezug auf den Erzähler von Einsamkeit sprechen?
7. Schluss 1 und Schluss 2: Was zeigen sie über den Erzähler?

Kommunikation

Friedrich Krotz

Kommunikation als soziales Handeln 2008

Kommunizieren ist eine Form sozialen Handelns. Damit ist es ein sinngeleitetes Handeln [...]. Als Grundform des Kommunizierens können wir uns ein mit Gesten begleitetes Gespräch zwischen zwei Menschen vorstellen, die sich face-to-face in der gleichen Situation miteinander unterhalten. Dann wissen wir: Kommunizieren geschieht mit einer spezifischen Absicht, und die Menschen sind aktiv daran beteiligt. Kommunikation funktioniert dabei über Symbole (und die Fähigkeit, Symbole zu produzieren und zu interpretieren, ist eine der wesentlichen Besonderheiten der Menschen): Der eine spricht bzw. produziert sinnvoll gemeinte Symbole, der andere registriert sie als sinnvoll gemeint und versucht, sie zu verstehen oder zu interpretieren, und dann eine Antwort zu entwickeln – in derartigen Verkettungen entwickelt sich ein Gespräch.

Nehmen wir einen spezifischen, besonders komplizierten Fall von Kommunikation: Person A hat Rückenschmerzen und bittet Person B, ihr den Rücken zu massieren. Person A will dazu Person B zeigen, wie das am Besten zu tun ist. Person A fasst also Person B am Rücken so an, wie Person B dann Person A behandeln soll, A teilt B damit mit, wie B dann Person A massieren soll. Person B ist dann, wie wir wissen, in vielen Fällen tatsächlich in der Lage, Person A so zu massieren, wie A das erwartet bzw. braucht. [...]

Wie kann das aber eigentlich funktionieren? [...] (Es) liegt in dieser anweisenden Kommunikation ein Rollentausch verborgen, weil A B vorführt, was zu tun ist. Dazu muss A natürlich eine erhebliche und komplexe Leistung vollbringen, nämlich sich vorstellen, wie er B massieren soll, damit B etwas fühlt, was B dazu bewegt, danach A so zu massieren, wie A das dann fühlen will. [...]

Dazu muss sich A in die Person B einfühlen, um seine Sicht der Dinge zu verstehen und um sich auf dessen Sicht der Dinge einzustellen. Auch umgekehrt ist ein erhebliches Maß an Einfühlung durch B notwendig, damit das alles klappt: Kommunikation ist kompliziert, sie funktioniert immer nur ansatzweise und das, was jemand versteht, muss in vielen Fällen korrigiert werden. Dazu ist ein Gespräch gut, an dem sich die Menschen wechselseitig beteiligen, weil man oft erst an der Antwort merkt, ob man richtig verstanden worden ist.

Erst wenn B den Rücken von A massiert, weiß A, dass und inwieweit seine Mitteilungen angekommen sind – er ist entweder zufrieden oder kann es erneut vorzuführen versuchen. Gelingende Kommunikation dieser Art ist offensichtlich also ohne Einfühlung unmöglich, weil der Transfer von Gefühlen und Bedeutungszuweisungen nicht so stattfinden kann, wie es in einem solchen Fall wie eben skizziert notwendig ist.

Ein Gespräch, so lernen wir aus diesen Überlegungen, ist also ein wechselseitiger Prozess, der in seinen einzelnen Phasen auf Einfühlung beider Beteiligter beruht und einer Fortführung bedarf, um das gegenseitige Verstehen weiterzuentwickeln. Soweit Kommunikation also beobachtbar ist, besteht sie aus einer Kette wechselseitig hergestellter Kommunikate, die ihren Sinn dadurch bekommen, dass die Beteiligten sich miteinander verständigen wollen, indem sie sich aufeinander beziehen und sich dazu gegenseitig Symbole anzeigen. […]

Kommunikation besteht also nicht nur aus beobachtbaren Teilen. Kommunikation als Gespräch setzt vielmehr eine gemeinsame Situationsdefinition aller Beteiligten sowie die (sich abwechselnden) Aktivitäten eines »Sprechers« und eines »Zuhörers« voraus. Deshalb gehören zu Kommunikation über das beobachtbare Geschehen von aufeinander folgenden kommunikativen Akten und präsentierten Symbolen hinaus *komplexe innere Prozesse bei allen Beteiligten, für die wir beim Zuhörer Ausdrücke wie »Verstehen«, »Interpretieren« oder »Kontextualisieren«, beim Sprecher Ausdrücke wie »Beabsichtigen«, »Zum Ausdruck bringen wollen«, »Darstellen« oder »Zuschreiben« verwenden.* […]

(Wir) können […] nun die Behauptung aufstellen, *dass jede andere, und insbesondere jede mediatisierte Kommunikation so ähnlich funktioniert und insbesondere eine Ableitung dessen ist, was wir als face-to-face-Kommunikation gelernt haben.* […] Jede medienvermittelte Kommunikation ist die Modifikation eines Gesprächs und nur deshalb können wir mit und mittels Medien kommunizieren.

Erich Straßner

Mediale Kommunikation 2002

Die mediale Kommunikation wird heute, im sogenannten »Optischen Zeitalter«, […] beherrscht von den Text-Bild- bzw. Bild-Text-Medien. Sie haben sich seit der Wende vom 19. zum 20. Jahrhundert überall durchgesetzt (»pictorial turn«) und meist eine Leitfunktion übernommen. In ihnen wird zum Teil versucht, neben dem Text- eine »Bildsprache« einzusetzen, die […] Allgemeinverständlichkeit zu garantieren scheint. […] Wo Inhalte sprachlich nicht befriedigend transportiert werden können, oder wo geglaubt wird, dass sie nicht ankommen, wird versucht, sie durch Bilder oder Bildfolgen transparent zu machen. […] Die von Bildern ausgehende optische Information ist selten eindeutig. Erst über einen Begleittext wird Eindeutigkeit herzustellen sein. […] Es gibt keine Bildlexika analog den Wörterbüchern, denn es gibt keine gebrauchsfertigen, konservierten Bilder. Ein Bildlexikon wäre unendlich. Jemand der Bilder erzeugen will, muss kreativ sein.

1 Formulieren Sie mit eigenen Worten, weshalb Friedrich Krotz Kommunikation als *soziales Handeln* bezeichnet.

2 Vergleichen Sie das Beispiel des Textes vom durch Gestik unterstützten Gespräch mit Ihren spontanen Erwartungen an einen Videofilm. Wo lassen sich Gemeinsamkeiten feststellen?

3 Beziehen Sie Agnes' Videofilm mit ein: Welche Besonderheiten finden sich?

4 Beschreiben Sie die Bedeutung von Empathie für Krotz' Definition von Kommunikation.

5 Text S. 22/23 und S. 84/85: Analysieren Sie die Reaktion des Erzählers angesichts der toten Frau und seine Position auf dem Balkon unter dem Gesichtspunkt *Empathie*.

6 Stimmt es, dass es keine »gebrauchsfertigen, konservierten Bilder« gibt? Begründen Sie Ihre Position.

Peter Stamm

Literatur und Kommunikation 2004

Literatur ist eine Form von Kommunikation zwischen Menschen. Sie verbindet uns über große Distanzen und Zeiten. Was wüssten wir von den Menschen von vor 2000 Jahren, wenn wir nicht ihre Literatur lesen könnten? Dabei geht es mir auch hier nicht primär um Fakten. Mich interessiert an alten Texten nicht so sehr, was sie uns über das Leben von damals erzählen, über die Kleidung oder das Essen. Es ist faszinierend, wie wenig sich die Menschen in den letzten 2000 Jahren verändert haben.

Die Literatur kann nicht nur das Leiden, sondern auch die Freude der Menschen zeigen. Entscheidend ist, dass eine Kommunikation stattfindet, eine Verbindung hergestellt wird. Dass die Leser und Leserinnen merken, es gibt und es gab immer Menschen, die fühlten wie ich. Das ist auf viel fundamentalere Art politisch, als sich in einem Text über den Sinn von Atomkraftwerken oder über soziale Ungerechtigkeit zu äußern.

Es gibt ein schönes Zitat von Beckett, das eine Zeitlang auf der Begrüßungsseite meiner Homepage stand: »Das sind Worte, nichts als Worte. Aber was wollen Sie, mein Herr, wir haben nichts anderes.« Kommunikation scheitert immer, aber wir haben keine andere Möglichkeit, als immer wieder neu zu versuchen, miteinander in Verbindung zu treten, einander näher zu kommen. Das ist in der Liebe nicht anders. Es ist ein dauerndes Versuchen. Dass wir scheitern, darf uns nicht dazu verführen, aufzugeben, Es gibt ja durchaus Erfolge im Kleinen, Momente des Verstehens. Diese Momente gibt es auch in meinen Büchern, Momente, in denen sich Menschen nah sind, in denen sie sich gegenseitig verstehen. Vielleicht sind das nur kurze Momente, aber das ist doch nicht wenig. Wenn man so will, geht das Leben immer schlecht aus, weil es immer mit dem Tod endet. Damit müssen wir uns abfinden. Vielleicht können wir nicht mehr erwarten als einige »Augenblicke des Glücks« – um einen Buchtitel von Ingo Schulze zu zitieren.

1 Stellen Sie Stamms zentrale Thesen über die Verknüpfungen zwischen Kommunikation und Literatur zusammen.

2 Charakterisieren Sie die Kommunikation von Agnes und dem Erzähler in dem ersten der Textauszüge aus »Agnes« (S. 59/60).

3 Untersuchen Sie arbeitsteilig die Kommunikation der Hauptfiguren im Roman.

Peter Stamm

Passagen aus »Agnes« 1998

(S. 59/60)

[...] »Ich hatte das seltsame Gefühl«, sagte ich, »dass ich dir ganz nahe sei.«

»Und bist du es noch?«, fragte sie.

Ich antwortete nicht, und auch Agnes sagte nichts mehr und hielt mich nur fest, als fürchte sie, ich entferne mich wieder von ihr. Später sagte ich zu ihr, dass ich sie liebe, aber es genügte nicht, und weil ich nicht wusste, wie ich sonst das Gefühl beschreiben sollte, schwieg ich wieder, und wir sprachen den ganzen Abend kaum.

(S. 10/11)

[...] Eine leere Ebene, weit und breit keine Stadt, kein Dorf, nicht einmal eine Farm. Kurz geschnittene Sequenzen, ohne dass das Bild sich wesentlich verändert. Immer neue Ansätze, Versuche, die Landschaft zu erfassen. Manchmal erahne ich, weshalb Agnes die Kamera eingeschaltet hat: eine seltsam geformte Wolke, eine Reklametafel, in der Ferne ein Streifen Wald, fast unsichtbar durch das Weitwinkelobjektiv. Einmal ein Schwenk zu mir, wie ich am Steuer sitze. Ich mache eine Grimasse. Und dann wohl der Versuch, sich selbst zu zeigen: der Rückspiegel, darin groß die Kamera und dahinter, kaum zu sehen, Agnes selbst. Dann noch einmal ganz kurz Agnes, am Steuer diesmal, wie sie eine abwehrende Handbewegung macht. [...]

Plötzlich Wald, ein lockerer Baumbestand. Ich liege auf dem Boden, scheine zu schlafen oder habe zumindest die Augen geschlossen. Die Kamera nähert sich mir von oben, kommt immer näher, bis das Bild unscharf wird, weicht zurück. Dann wandert sie über meinen Körper bis zu den Füßen und wieder zum Kopf. Lange bleibt sie auf dem Gesicht stehen, versucht, noch einmal näher zu kommen, aber das Bild wird wieder unscharf, und sie weicht von neuem zurück.

(S. 42)

Ich muss gehen. Ich stehe auf. Ich verlasse das Haus. Ich fahre mit dem Zug. Ein Mann starrt mich an. Er setzt sich neben mich. Er steht auf, als ich aufstehe. Er folgt mir, als ich aussteige. Wenn ich mich umdrehe, kann ich ihn nicht sehen, so nahe ist er mir. Aber er berührt mich nicht. Er folgt mir. Er spricht nicht. Er ist immer bei mir, bei Tag und in der Nacht. Er schläft mit mir, ohne mich zu berühren. Er ist in mir, er füllt mich aus. Wenn ich in den Spiegel schaue, sehe ich nur ihn. Ich erkenne meine Hände nicht mehr, meine Füße nicht. Meine Kleider sind zu klein, meine Schuhe drücken, mein Haar ist heller geworden, meine Stimme dunkler. Ich muss gehen. Ich stehe auf. Ich verlasse das Haus.

(S. 153)

[...] Ich, während der Heimfahrt am Lenkrad des Autos von der Rückbank aus gefilmt. Die Scheibenwischer. Manchmal ein Auto vor uns. Mein Hinterkopf, meine Hände am Steuer. Zum Schluss scheine ich bemerkt zu haben, dass Agnes filmte. Ich drehe den Kopf, lächelnd, aber bevor ich ganz nach hinten schaue, hört der Film auf.

Agnes' mediale Produkte interpretieren

1 Direkte Äußerungen von Agnes vermittelt der Autor vor allem durch ihre medialen Produkte, das Videoband (S. 10 und 153) und das Erzählfragment (S. 42).
Würden Sie das Videoband als gelungene Kommunikation bezeichnen? Stellen Sie Gründe für Ihre Bewertung zusammen und belegen Sie sie mit Zitaten aus der abgedruckten Fachliteratur.

Gründe	**Belege**

2 Teilen Sie den Videofilm in einzelne Sequenzen auf und schreiben Sie zu jeder Sequenz einen zu sprechenden Text, wie Agnes ihn gesprochen haben könnte, mit dem Erzähler als Adressaten. Agnes' Absicht: Sie möchte dem Erzähler das Band als ihr Vermächtnis hinterlassen, damit er sie besser verstehen kann.

Sequenz 1 – Inhaltsstichwort:
knappe Sequenzbeschreibung:
Text:

Sequenz 2 – Inhaltsstichwort:
knappe Sequenzbeschreibung:
Text:

Sequenz 3 – Inhaltsstichwort:
knappe Sequenzbeschreibung:
Text:

3 Vergleichen Sie Agnes' Erzählfragment (S. 42)mit dem »Schluss2« des Erzählers. Skizzieren Sie in diesem Zusammenhang eine Deutung von Agnes' Text und gehen Sie dabei auch auf sprachliche Besonderheiten ein.

4 Zwei mögliche Deutungen des Romanschlusses:
- Agnes geht freiwillig in den Tod.
- Agnes verlässt den Erzähler, es spricht aber nichts dagegen, dass sie anderswo weiterlebt (vielleicht mit Herbert?).

Welche der beiden Varianten bevorzugen Sie? Begründen Sie Ihre Meinung.
In der zweiten Variante: Was bedeutet der Eingangssatz »Agnes ist tot«?

5 Stellen Sie aus digitalen Bilddateien aus dem Internet Bilder zusammen, die sich zum Einfügen in Agnes' Erzählfragment eignen könnten. Beschreiben Sie zu jedem Bild, was es leistet und was es nicht leisten kann.

6 Präzisieren Sie jetzt Straßners Äußerungen über »gebrauchsfertige Bilder« (S. 27).

Der Erzähler als Sachbuchautor – Agnes als Physikerin

Cathy Eberhart

Der Pullman-Streik 2009

George Pullman (1831–1897), US-amerikanischer Erfinder und Industrieller

Im Eisenbahnknotenpunkt Chicago war George C. PULLMAN'S PALACE CAR COMPANY (Eisenbahnwaggonbau) mit 5000 Arbeitern eine Schlüsselindustrie. Pullman verhielt sich wie ein Feudalherr. Seine Arbeiter waren nicht nur aufgrund ihres Beschäftigungsverhältnisses von ihm abhängig; sie mussten auch in der von ihm gebauten »Modellstadt Pullman« wohnen und in den der Firma gehörenden Geschäften dieser Stadt einkaufen. Wasser und Gas kaufte die Firma von der Stadt Chicago, um sie an die Arbeiter weiterzuverkaufen. Die »Modellstadt« hatte Schulen, ein Theater, einen Park, Kirchen und ein Postamt. Die Wohnungen, ordentliche kleine Backsteinhäuser, hatten kein fließendes Wasser; die Mieten waren um 25 % höher als in den Nachbargemeinden.

Im Depressionsjahr 1893 wurden 3.000 Arbeiter entlassen; die Löhne der verbleibenden 2000 um 25 % bis 40 % gekürzt. Die Mieten aber blieben gleich hoch. Es wird erzählt, ein Arbeiter habe nach Abzug der Miete und anderer Kosten noch genau zwei Cents in seiner Lohntüte gehabt. Als die wirtschaftliche Situation sich besserte, wurden 2000 der Entlassenen wieder eingestellt, allerdings zu den niedrig gebliebenen Löhnen und den unverändert hohen Mieten. Im Mai 1894 formierte sich ein Komitee von Arbeitern, das Pullman bat, mit ihnen über dieses Problem zu sprechen.

Pullman behauptete, die Firma sei noch in den roten Zahlen, und entließ drei der Komiteemitglieder. Daraufhin streikten die Pullmanarbeiter, die von Eugene Debs und seiner AMERICAN RAILWAY UNION organisiert worden waren. Pullman weigerte sich, eine Schlichtung zu akzeptieren. Er sperrte sämtliche Arbeiter aus und schloss seine Fabrik.

Mitglieder der Bahngewerkschaft weigerten sich, von Pullman gebaute Waggons an die Züge anzuschließen. Die GENERAL MANAGERS ASSOCIATION der 24 Bahnlinien, die Chicago bedienten, verfügte die Entlassung jedes Arbeiters, der Pullmanwaggons abhängte. Als ein Arbeiter aus diesem Grund tatsächlich entlassen wurde, ging die ganze Arbeitskolonne in den Streik. Bis Ende Juli war das gesamte Eisenbahnsystem des Mittelwestens in Mitleidenschaft gezogen, und die Bahngewerkschaft, erst 1892 gegründet, zählte 150000 Mitglieder [...]

Gegen den Willen des Gouverneurs von Illinois, Altgeld, rief US-Präsident Cleveland die Nationalgarde. Der Streik wurde zerschlagen und Eugene Debs für sechs Monate ins Gefängnis geschickt, wo er Sozialist wurde.

1 Welches Bild vom Industriellen Pullman vermittelt dieser Text?

H. Föll

Kristallgitter 2011

Kristallstrukturen sind mathematisch erfassbar. Das Vorgehen dabei ist wie folgt:

- Zuerst betrachten wir eine *rein mathematische* Konstruktion: Das **Punktgitter**. In ihm sind mathematische Punkte so angeordnet, dass sie eine Translationssymmetrie besitzen. Das Punktgitter ist kein Kristall; denn ein Kristall ist ein physikalisches Objekt, er bedarf der Atome!
- Vom Punktgitter zum Kristall kommt man, indem jedem Punkt des Punktgitters ein Baustein des Kristall zugeordnet wird, die sogenannte **Basis**. Das kann ein einziges Atom sein, aber auch Verbände oder Moleküle von Hunderten von Atomen.

(E)rfahrungsgemäß fällt es schwer, die Begriffe »(Punkt)gitter« und »Kristall« auseinanderzuhalten.

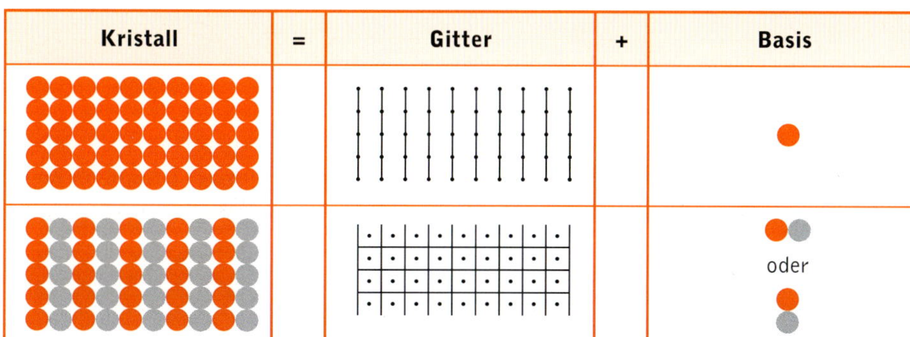

Die *Gitterpunkte* sind hier wie in den Darstellungen als *kleine Kreise* dargestellt, die zur besseren Visualisierung teilweise durch *Gitterlinien* verbunden sind.

Die Versuchung den zweiten Kristall zu erzeugen, indem man auf das engmaschige Gitter der obigen Reihe abwechselnd blaue und rote Kugeln legt ist groß – *und das ist falsch*, denn wir hätten dann die *falsche Gitterkonstante* zum richtigen Kristall! Wir haben aber *zwei verschiedene Gitter*; sie unterscheiden sich in ihren **Gitterkonstanten**, den Abständen zwischen den Gitterpunkten.Das zweite Beispiel zeigt auch schon, dass in der Kristallografie manchmal Situationen vorliegen, die nicht eindeutig sind – die Basis des Kristalls kann auf mehrere Weisen gewählt werden. Befestigt man sie aber in immer gleicher Weise an den Gitterpunkten, entsteht jedes Mal derselbe Kristall.

Als Faustregel merken wir uns: Kompliziert aussehende *Kristalle* haben in der Regel eine komplizierte *Basis* – das *Gitter* kann ganz einfach sein.

Kristalle
Die Kristallformen (oder die Kristallsysteme) von Kristallen hängt von der Anordnung ihrer kleinsten Bausteine (Ione, Atome oder/und Moleküle) ab. Diese Grundeinheiten (sog. »Elementarzellen«) sind gesetzmäßig geometrisch angeordnet, sie bauen Raumgitter oder Kristallgitter auf. Diese werden in verschiedenen Gittertypen eingeteilt. Die Kristallformen sind abhängig von solchen Kristallgittern. Der Kristall (als Raumkörper betrachtet) ist von Kanten, Ecken und verschiedenen Formen begrenzt, die in ihrer Symmetrie den inneren Gittertypen gleichen. Für jede kristallisierte Mineralart sind die Winkel, unter denen sich die einzelnen Kristallflächen schneiden, ausschlaggebend für die Einordnung in ein Kristallsystem. Die Größe dieser Winkel (sog. »Flächenwinkel«) ist bei allen Kristallen derselben Mineralart gleich. Die Symmetrie der Kristalle bezeichnet die Lage oder Stellung der einzelnen Kristallflächen zueinander.

Daniel Oriwol: Kristalle, 2011

Weitere Informationen zu Kristallgittern und zu ihrer Symmetrie finden Sie unter *www.tf.uni-kiel.de/matwis/amat/mw1_ge/kap_3/backbone/r3_1_2.html*

1 Beschreiben Sie die Bedeutung von »Symmetrie« bei dieser Thematik.

Sachthemen und Figuren zuordnen

1 Erarbeiten Sie aus Stamms Roman die innere Einstellung, die der Erzähler zu seinem Sachbuchthema und zu den Recherchen über den Pullman-Streik hat; beziehen Sie den Begriff *Freiheit* (vgl. z. B. S. 104/105) mit ein.

2 Stellen Sie zusammen, was der Leser über Agnes und ihr Dissertationsthema sowie über ihre Einstellung dazu erfährt.

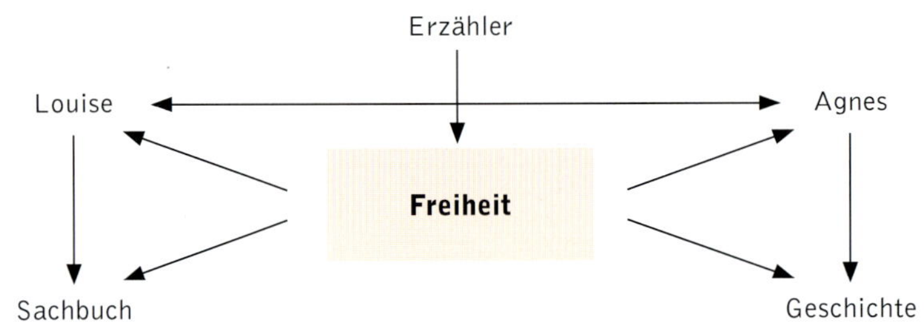

3 Beschreiben Sie auf der Basis der oben stehenden Skizze die Beziehung des Erzählers zu beiden Frauen; stellen Sie seine Vorstellung von *Freiheit* in den Mittelpunkt und beziehen Sie das Sachbuchprojekt und die »Geschichte in der Geschichte« mit ein.

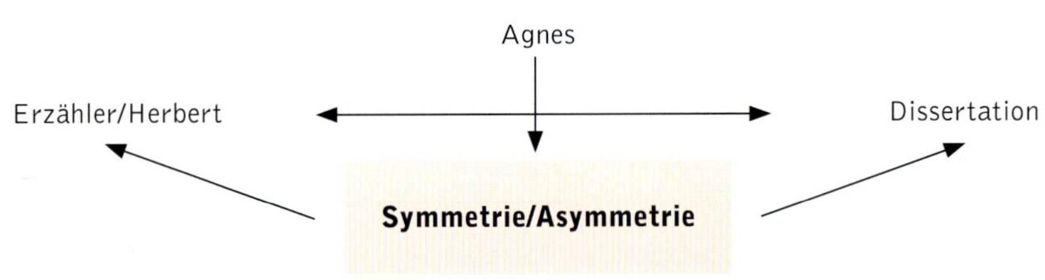

4 Erläutern Sie die im zweiten Schema dargestellten Bezüge.

5 Überlegenheit – Unterlegenheit: Wie würden Sie die Begriffe für die beiden Protagonisten anordnen? Begründen Sie.

6 Beschreiben Sie zusammenfassend die metaphorische Bedeutung von *Symmetrie/ Asymmetrie* in Stamms Roman.

Intermedialität

Irina O. Rajewsky

Intermedialität 2004

Ausgegangen wird [bei dem Begriff *Intermedialität* häufig] von drei Subkategorien des Intermedialen:

1. »Intermedialität« im engeren Sinne des Medienwechsels (also etwa Literaturverfilmungen [...]: Die Qualität des Intermedialen betrifft hier den Produktionsprozess des medialen Produkts, also den Prozess der Transformation eines [...] Textes [...] in ein anderes Medium [...]

2. »Intermedialität« im engeren Sinne der Medienkombination, worunter Phänomene wie die Oper, der Film, das Theater, performances, illuminierte Handschriften, Computer- oder Klangkunstinstallationen, Comics usw. fallen [...]

3. »Intermedialität« im engeren Sinne intermedialer Bezüge, also die Bezugnahme etwa eines Textes auf Film oder Fernsehen, [...] Bezüge [...] auf die Malerei, [...] auf die Musik usw. [...]

Wie bereits angedeutet, richtet sich das Hauptaugenmerk [...] auf die »bloße« Thematisierung eines [anderen] medialen Bezugssystems [...] [Solche E]rwähnungen können sich in einem gegebenen Text – um zunächst einmal literarische, genauer narrative Texte als Anschauungsmaterial heranzuziehen – in Form eines »Redens über« oder »Reflektierens« des Bezugssystems manifestieren. Es geht also tatsächlich um die denkbar einfachste Form der intermedialen Bezugnahme: [...] [Das andere Medium] wird schlicht benannt; sei es als Ganzes, sei es in Form der Erwähnung einzelner Komponenten desselben, die ihrerseits wiederum auf das Bezugssystem als solches verweisen. So können etwa bestimmte filmtechnische Verfahren oder Teile der technischen Apparatur des Films erwähnt, termini technici aus dem Bereich des Films verwendet werden [...]

Entscheidend ist allein, das das [andere] mediale Bezugssystem in irgendeiner Weise ausdrücklich aufgerufen wird. [Damit] geraten automatisch auch der gegebene Text selbst sowie die Differenzen und Analogien zwischen Text und aufgerufenem System in den Blick. [...] Mit Hilfe der expliziten Systemerwähnung wird hier also letztendlich die mediale Verfasstheit und damit der problematische Wirklichkeits- und Wahrheitsgehalt jedweder Wirklichkeitswahrnehmung und -vermittlung reflektiert.

In jedem Fall aber ermöglichen intermediale Einzelreferenzen dieser Art [...] ein »kursives Erzählen«, d. h. »eine Abkürzung der erzählten Inhalte [...]«.

[...] Der Vorteil einer solchen Abkürzung liegt freilich nicht in der gesparten Zeilenzahl, sondern darin, dass mittels eines [...] Vergleichsmoments die Erinnerung des Lesers an ein [...] bestimmtes Bild abgerufen und für die Bedeutungskonstitution des Textes gewonnen werden kann.

Irina O. Rajewsky: Kursives Erzählen, 2002

1 Stellen Sie sich vor, Sie würden mit I. Rajewsky ein Interview führen, indem Sie sie zu »Intermedialität« befragen könnten. Formulieren Sie Fragen, auf die die Autorin mit Zitaten aus den beiden Textauszügen anworten könnte. Schreiben Sie dann das fiktive Interview.

2 Diskutieren Sie im Kurs über mögliche Bezüge zwischen dem 14. Kapitel des Romans und den Texten.

George Seurat

Un Dimanche d'été à l'Ile de la Grand Jatte 1884–1886

Kerstin Thomas

Seurats Gemälde »Un Dimanche …« 2010

[D]ie Grande Jatte [zeigt] ein Pariser Naherholungsgebiet am Rande der Seine […] Auf einer sommerlich hell beleuchteten, baumbestandenen Wiese widmen sich Städter gepflegter Erholung in der Natur. Modisch und sittsam gekleidet liegen sie ausgestreckt im Schatten oder promenieren, geschützt durch kleine Sonnenschirme, auf der Wiese. Voller und bunter als der Badeplatz, erfasst das Bild eher das sonntägliche Freizeitleben in den Naherholungsgebieten um die französische Hauptstadt. Doch versucht Seurat nicht, dieses Treiben durch einen lockeren Pinselstrich wiederzugeben, durch wogende Gewänder, durch ein Ineinanderfließen unzähliger Körper und Gesichter, wie dies in den Strandgemälden der Impressionisten so häufig zu sehen war. Vielmehr sind die Personen vereinzelt und streng frontal oder im Profil ausgerichtet. Die meisten Figuren verharren starr an einem Ort und selbst die Handelnden, eine Anglerin, eine Frau, die mit einer Handarbeit beschäftigt ist, oder ein Posaunist im Mittelgrund, bleiben in ihren Tätigkeiten wie festgehalten, arretiert, dem Fluss der Bewegung entzogen. Ihre Körper sind summarisch auf die Angabe der Hauptlinien begrenzt und ihre Gesichtszüge sind schematisch als helle Flächen gegeben. Auch psychisch scheinen die Figuren in der Hülle ihres eigenen Körpers gefangen, mit keiner Geste, keiner Handlung überbrücken sie den zwischen ihnen liegenden Raum. Selbst die handelnden Menschen sind in sich versunken. Die zahlreichen Vorstudien zeigen, dass Seurat für das Gemälde Figuren auswählte, die diese Selbstbezüglichkeit zum Ausdruck bringen, während er zu expressive Figuren verwarf. Bei der Komposition verfuhr der Künstler nach dem Prinzip der Einzelauswahl. Er fertigte 28 Zeichnungen einzelner Figuren, Figurengruppen oder Naturdetails an sowie 34 Ölskizzen, bevor er die große Komposition begann [...] Mit diesem schrittweisen Kompositionsverfahren löste sich der Künstler ganz von den Erfordernissen kohärenter Szenen und konnte jede einzelne Figur nach ihrem Ausdruckspotential auswählen und auf der leeren Bühne verschieben. Dies verstärkt die Beziehungslosigkeit zwischen den Figuren und von Figuren und Landschaft: Eine gewollte Distanzierung, die mit den Prinzipien impressionistischer Malerei bricht. [...]

Im Winter 1885/1886 überarbeitete Seurat die Grande Jatte in der kurz zuvor neu entwickelten Bildtechnik. Diese Technik bestand im Wesentlichen in der Trennung einzelner kleiner Tupfer, die meist, jedoch durchaus nicht immer, Punktform hatten, wie entgegen den lange in der Forschungsliteratur vertretenen Thesen mittlerweile nachgewiesen ist. [In der Kunstgeschichte hat sich der Begriff Pointillismus für diese Technik eingebürgert]. Diese Trennung verschiedener kleiner Farbeinheiten machte sich der Künstler zunutze, um eine fein nuancierte Farbkomposition zu erzielen. Dabei sollte sich die Mischung einer bestimmten Farbe aus der optischen Mischung der nebeneinanderliegenden verschiedenfarbigen Punkte ergeben, nicht durch deren physikalische Mischung auf der Palette [...] Dass bereits alltägliche Wahrnehmung Bedeutung erschließen kann, zeigt sich in Seurats Wahl spezifischer Orte. Er bildet nur Orte ab, die einem realen Erfahrungsintergrund der städtischen Bürger entspringen. So kann man zeitgenössischen Reiseführern entnehmen, dass die Grande Jatte die beliebteste Vergnügungsstätte der wohlhabenderen, erlebnishungrigen Städter war. [...]

Die Wahl der Orte scheint also nicht beliebig zu sein, sondern Seurat wählt solche Orte aus, die auf den Erfahrungshintergrund des zeitgenössischen bürgerlichen Betrachters zielen und die insofern »sprechend«, voller Erinnerungen und Assoziationen sind [...] Dass diese Orte aus dem Freizeitbereich stammen, ist sicher kein Zufall. Sie bezeichnen Massenerlebnisse und nicht Individualerfahrungen. Die Grundstimmung der Gemälde korrespondiert mit der Kollektivstimmung dieser Ereignisse (Muße oder Langeweile, Tristesse, Erotik, Heiterkeit) [...]

Es wurde beschlossen, dass Seurat [und befreundete pointillistische Maler] ihre Werke gemeinsam im selben Saal bei der VIII. Ausstellung der Impressionisten zeigen würden [...]

La Grande Jatte, die in einem Saal ausgestellt war, in dem man nicht zurücktreten konnte [...], verursachte Ärgernis. Das Publikum marschierte ununterbrochen daran vorbei und mokierte sich darüber, wie das Bild gemalt war und über die hölzernen Figuren; das Paar mit dem Affen erweckte besonders Heiterkeit.

Alexandrian: Seurat, 1994

1 Notieren Sie stichwortartig Ihre ersten Eindrücke beim Betrachten des Bildes.

2 Welche Beschreibungsmerkmale der Kunsthistorikerin finden sich auch in Ihren Notizen, welche sind neu?

Oskar Kokoschka

Mörder, Hoffnung der Frauen 1909

Das Plakat, gestaltet nach dem Motiv der Pietà (der trauernden Muttergottes mit dem toten Christus auf dem Schoß), fertigte Oskar Kokoschka (1886–1980) für die Uraufführung seines gleichnamigen Theaterstücks an. Stück und Plakat wurden zu einem der großen Theaterskandale in Wien vor dem Ersten Weltkrieg. Vor allem in der Verwendung des Pietà-Motivs sahen viele Menschen damals eine Blasphemie (Gotteslästerung).

Oskar Kokoschka

Uraufführung und Plakat von »Mörder ...« 1971

Das Plakat, das ich sofort in Farben ausführte und drucken ließ, zeigte den Inhalt des Stückes: Der Mann ist blutig rot, das ist die Lebensfarbe, aber tot liegt er im Schoß einer Frau, die weiß ist, das ist die Todesfarbe. Wenn das Schlagwort Expressionismus einen Sinn hat, hier ist eine der frühesten Kundgebungen in diesem Sinn. Und das Plakat hat die Wiener, wie ich es beabsichtigte, in Rage versetzt. Die Eintrittskarten waren eine Woche vor der Aufführung schon ausverkauft, weil mein Name, dank meiner ausgestellten Bilder, berüchtigt genug war. Mit dem Erlös der Eintrittskarten wurden zunächst die Druckkosten des Plakats gedeckt. Die Schauspieler sollten sozusagen in meiner Vertretung dem Publikum eine Herausforderung bieten, denn ich war erbost über die Beleidigungen, die ich jeden Tag in der Presse lesen konnte. Da ich mich wie einen Verbrecher behandelt sah, ließ ich mir den Kopf kahl scheren und wollte als Gezeichneter angesehen werden. In meinem bleichen Gesicht brannte ein Feuer; auf meinen Zeichnungen zu dem Stück sowie auf einem weiteren Plakat habe ich mich selbst in aller Öffentlichkeit so dargestellt. Wenn sich seit 1909 auf der Bühne nicht viel geändert haben mag, um das Publikum aus der Lethargie zu wecken, ein Sturm, wie er damals auf der Freilichtbühne in der Kunstschau ausbrach, wiederholt sich nicht oft. Alles übertraf meine Erwartungen und Befürchtungen. In einer nahe dem Gartengelände gelegenen Kaserne war ein Regiment aus Bosnien untergebracht, einer Balkanprovinz des alten Österreich. Die Soldaten hielten die Gartenmauer besetzt, angelockt von dem Spektakel, immer mehr in Spannung geratend und bereit, in das vermeintliche Morden einzugreifen. Dazu kam der schaurige Eindruck brennender Fackeln, welche die Amazonen den Kriegern bei der Stürmung der Festung aus den Händen rissen, und das lichterlohe Feuer, das auf die notdürftig als Holzgerüst aufgebaute Festung überzugreifen drohte oder schwelend in der Nacht verglühte! Die wilde Stimmung wurde musikalisch mit dumpfen oder rasselnden Trommelschlägen und schrillen Pfeifentönen erhöht und durch eine in grellen Farben wechselnde Beleuchtung gesteigert. Begeistert spielten meine Akteure, als ob es um Leben und Tod ginge. Sie kamen meist noch von der Schauspielschule her. Weil kein Geld da war, hatte ich sie mit Fetzen und Tüchern notdürftig kostümiert. Sie waren zwar keine Akrobaten, jedoch laufen, springen, stehen und fallen konnten sie wie keiner der Hofschauspieler, von denen oft einer eine halbe Stunde brauchte, um sich zum Sterben hinzulegen. Die Gesichter und Körper, soweit sie nackt blieben, hatte ich bemalt.

Michelangelo: Pietà, 1500

Werner J. Schweiger

Das Theaterstück »Mörder, Hoffnung der Frauen« 1983

Die Rollenträger sind typisiert (Mann, Frau), der Schauplatz in ein zeitloses »mythisches Altertum« verlegt. Der Inhalt des Stückes: Ein von einer Schar Krieger begleiteter Mann nähert sich einem Turm, von dem eine Gruppe Mädchen mit ihrer Führerin herabsteigt. Nach einer Konfrontation der beiden wird auf Geheiß des Mannes der Frau dessen Zeichen »mit heißem Eisen ins rote Fleisch« gebrannt. Die Frau stößt dem Mann ein Messer in die Seite und verwundet ihn schwer. Nachdem der sterbende Mann hinter dem Gitter des Turmes eingesperrt wurde, vereinigen sich die Mädchen mit den Kriegern. Die Frau entbrennt in Liebe zu dem Mann und schleicht zu ihm, in hymnischen Worten geben sie ihre Liebe zu erkennen. Als der Mann sie mit dem Finger der ausgestreckten Hand berührt, bricht sie tot zusammen. Hingabe und Tod der Frau bedeuten für den Mann Befreiung, er verlässt den Turm, schreitet durch die Krieger und Mädchen, erschlägt sie »wie Mücken« und enteilt durch eine Feuergasse.Das Thema des Stückes ist die wechselseitige Annäherung und Abstoßung, die Polarität der Geschlechter.

1 Sprechen Sie in Gruppen darüber, welche Beziehungen sich zwischen dem Plakattitel und den Romanfiguren herstellen lassen.

2 Beschreiben Sie, welche Rolle das ehemals provokative Plakat zum skandalösen Stück in Agnes Wohnung und für die Protagonisten spielt. Belegen Sie Ihre Äußerungen mit Textzitaten.

Den Begriff »Intermedialität« auf Stamms Roman anwenden

1 Die Einbeziehung von Seurats Gemälde in die Romanhandlung stellt ein intermediales Element dar. Erläutern Sie dessen Bedeutung und Funktion.

2 Im Text in der Marginalspalte, S. 35, spricht Irina O. Rajewsky von einem »kursiven« = abgekürzten Erzählen. Beziehen Sie diesen Begriff auf Stamms Umgang mit dem Seurat-Gemälde, indem Sie zunächst eine Tabelle anlegen, in die Sie die Bezüge zwischen dem Gemälde und der Innensicht der Protagonisten eintragen.

Äußerungen der Figuren zum Seurat-Gemälde	Korrespondenzen in den Materialien

3 Suchen Sie dann in einer Tabelle nach Aspekten, die aus der Außensicht des Lesers Bezüge zwischen dem Gemälde und den Figuren herstellen:

Deutungselemente in den Materialien zu Seurat	Bezüge zu den Protagonisten

4 Stellen Sie anhand Ihrer Ergebnisse zu den Aufgaben 2 und 3 die unterschiedlichen Leistungen von personaler und auktorialer Erzählhaltung dar.

5 Auf S. 23/24 haben Sie sich mit dem Motiv »Du sollst dir kein Bildnis machen« beschäftigt. Wenden Sie dieses Motiv auf Kapitel 14 an:
- Gehen Sie etwaigen Zusammenhängen zwischen dem Bildnis-Motiv und den Gründen des Erzählers für den Museumsbesuch nach.
- Seurats Gemälde zeigen auch gesellschaftliche Bilder. Erläutern Sie mögliche Zusammenhänge zwischen der Einstellung des Erzählers und den »Kollektivstimmungen« bei Seurat.

6 Ein weiteres intermediales Element des Romans stellt das Kokoschka-Plakat »Mörder, Hoffnung der Frauen« (S. 38)dar.
- Erarbeiten Sie, wie Stamm das Plakat im Vergleich zu Seurats Bild im Roman einsetzt.
- Welche indirekten Aussagen über Agnes und den Erzähler enthält dieses intermediale Element? Beachten Sie u. a. den Titel des Plakats.

7 Auf den Seiten 109 und 121 in »Agnes« taucht ein weiterer medienübergreifender Aspekt auf:

> »Agnes ist krank«, sagte sie [die Quartettpartnerin] dann, »sie ist nicht einmal zur Probe gekommen.« – »Was spielt ihr?«, fragte ich, weshalb, weiß ich nicht. – »Schubert«, sagte sie. Es war einen Moment lang still.

Während sie (Agnes) das Cello im Kasten verstaute, blätterte ich in ihren Noten.

> »Spielt ihr nicht Schubert?« – »Nicht mehr«, sagte Agnes und lächelte, »die anderen fanden, das sei im Moment nicht das richtige für mich. Jetzt spielen wir Mozart.« – »Ich mag Mozart nicht.« – »Ich auch nicht.«

Informieren Sie sich über die Streichquartette Schuberts sowie Mozarts und versuchen Sie, den Komponistenwechsel mit Agnes' Situation in Verbindung zu bringen.

8 Erstellen Sie eine Präsentation zum Thema »Intermediale Elemente in Stamms Roman ›Agnes‹«. Die drei vorstehend bearbeiteten Textstellen müssen vorkommen, auch in ihrer unterschiedlichen Art »kursiv« = abgekürzt darzustellen, weitere geeignete Bezüge (z. B. das Bild des Erzählers vom »Film im Kopf« S. 139) können Sie selbstverständlich ebenfalls verwerten. Gehen Sie in dieser Präsentation auch auf die Frage ein, inwieweit die Protagonisten den jeweiligen Kulturprodukten gerecht werden können.

Erzählweise in »Agnes«

Peter Stamm

Agnes 1998 (1. Kapitel, S. 9)

Agnes ist tot. Eine Geschichte hat sie getötet. Nichts ist mir von ihr geblieben als diese Geschichte. Sie beginnt an jenem Tag vor neun Monaten, als wir uns in der Chicago Public Library zum ersten Mal trafen. Es war kalt, als wir uns kennenlernten. Kalt wie fast immer in dieser Stadt. Aber jetzt ist es kälter, und es schneit. Über den Michigansee kommt der Schnee und kommt der böige Wind, der selbst durch das Isolierglas der großen Fenster noch zu hören ist. Es schneit, aber der Schnee setzt sich nicht, er wird weitergetrieben und bleibt nur liegen, wo der Wind nicht hinlangt. Ich habe das Licht gelöscht und schaue hinaus auf die beleuchteten Spitzen der Wolkenkratzer, auf die amerikanische Flagge, die der Wind irgendwo im Licht eines Scheinwerfers hin und her schlägt, und weit hinunter auf die leeren Plätze, wo selbst jetzt, mitten in der Nacht, die Ampeln von Grün zu Rot und von Rot zu Grün wechseln, als sei nichts geschehen, als geschehe nichts. [...]

Die einfachste Art, eine Figur einzuführen, wie im früheren Roman üblich, besteht darin, eine äußere Beschreibung und einen biografischen Abriss zu liefern [...]

Moderne Romanautoren ziehen es normalerweise vor, die Fakten über eine Figur nach und nach sichtbar werden zu lassen, aufgefächert oder überhaupt zum Ausdruck gebracht durch Handlung und Rede.

David Lodge: Die Kunst des Erzählens, 1993

Gottfried Keller

Der grüne Heinrich 1879/80 [2. Fassung]

Erstes Kapitel

LOB DES HERKOMMENS

Mein Vater war ein Bauernsohn aus einem uralten Dorfe, welches seinen Namen von dem Alemannen erhalten hat, der zur Zeit der Landteilung seinen Spieß dort in die Erde steckte und einen Hof baute. Nachdem im Verlauf der Jahrhunderte das namengebende Geschlecht im Volke verschwunden, machte ein Lehenmann den Dorfnamen zu seinem Titel und baute ein Schloss, von dem niemand mehr weiß, wo es gestanden hat; ebenso wenig ist bekannt, wann der letzte »Edle« jenes Stammes gestorben ist. Aber das Dorf steht noch da, seelenreich und belebter als je, während ein paar Dutzend Zunamen unverändert geblieben und für die zahlreichen, weitläufigen Geschlechter fort und fort ausreichen müssen. Der kleine Gottesacker, welcher sich rings an die trotz ihres Alters immer weiß geputzte Kirche legt und niemals erweitert worden ist, besteht in seiner Erde buchstäblich aus den aufgelösten Gebeinen der vorübergegangenen Geschlechter; es ist unmöglich, dass bis zur Tiefe von zehn Fuß ein Körnlein sei,

Gottfried Keller (1819–1890), Schweizer Dichter und Politiker, einer der bedeutendsten Erzähler des bürgerlichen Realismus. Seine bekanntesten Werke sind der Roman »Der grüne Heinrich« und der Novellenzyklus »Die Leute von Seldwyla«.

welches nicht seine Wanderung durch den menschlichen Organismus gemacht und einst die übrige Erde mit umgraben geholfen hat. Doch ich übertreibe und vergesse die vier Tannenbretter, welche jedes Mal mit in die Erde kommen und den ebenso alten Riesengeschlechtern auf den grünen Bergen rings entstammen; ich vergesse ferner die derbe ehrliche Leinwand der Grabhemden, welche auf diesen Fluren wuchs, gesponnen und gebleicht wurde und also so gut zur Familie gehört wie jene Tannenbretter und nicht hindert, dass die Erde unseres Kirchhofes so schön kühl und schwarz sei als irgend eine. Es wächst auch das grünste Gras darauf, und die Rosen nebst dem Jasmin wuchern in göttlicher Unordnung und Überfülle, sodass nicht einzelne Stäudlein auf ein frisches Grab gesetzt, sondern das Grab muss in den Blumenwald hineingehauen werden, und nur der Totengräber kennt genau die Grenze in diesem Wirrsal, wo das frisch umzugrabende Gebiet anfängt.

Das Dorf zählt kaum zweitausend Bewohner, von welchen je ein paar hundert den gleichen Namen führen; aber höchstens zwanzig bis dreißig von diesen pflegen sich Vetter zu nennen, weil die Erinnerungen selten bis zum Urgroßvater hinaufsteigen. Aus der unergründlichen Tiefe der Zeiten an das Tageslicht gestiegen, sonnen sich diese Menschen darin, so gut es gehen will, rühren sich und wehren sich ihrer Haut, um wohl oder wehe wieder in der Dunkelheit zu verschwinden, wenn ihre Zeit gekommen ist [...]

Zweites Kapitel
VATER UND MUTTER

[...] (E)ines Tages geschah es, dass das ganze Dorf in große Bewegung gesetzt wurde durch die Ankunft eines schönen, schlanken Mannes, der einen feinen grünen Frack trug nach dem neuesten Schnitte, enganliegende weiße Beinkleider und glänzende Suwarowstiefeln mit gelben Stulpen. Wenn es regnerisch aussah, so führte er einen rotseidenen Schirm mit sich, und eine große goldene Uhr von feiner Arbeit gab ihm in den Augen der Bauern einen ungemein vornehmen Anstrich. Dieser Mann bewegte sich mit einem edlen Anstande in den Gassen des Dorfes umher und trat freundlich und leutselig in die niederen Türen, verschiedene alte Mütterchen und Gevattern aufsuchend, und war niemand anders als der weitgereiste Steinmetzgeselle Lee, welcher seine lange Wanderschaft ruhmvoll beendigt hatte.

Man kann wohl sagen ruhmvoll, wenn man bedenkt, dass er vor zwölf Jahren, als ein vierzehnjähriger Knabe, arm und bloß aus dem Dorfe gewandert war, hierauf bei seinem Meister die Lehrzeit durch lange Arbeit abverdienen musste, mit einem dürftigen Felleisen und wenig Geld in die Fremde zog und nun solchergestalt als ein förmlicher Herr, wie ihn die Landleute nannten, zurückkehrte. [...]

1 Suchen Sie Entsprechungen/Widersprüchlichkeiten zwischen Stamms Romananfang von »Agnes« und dem Textauszug von David Lodge (S. 42).

2 Sie finden hier Auszüge aus den ersten beiden Kapiteln eines der bedeutendsten Romane des 19. Jahrhunderts, aus »Der grüne Heinrich« von Gottfried Keller. Vergleichen Sie, wie Stamm und Keller den Leser in ihre Geschichte einführen. Welcher Erzählanfang spricht Sie mehr an? Begründen Sie in einem Rundgespräch.

INFO Grundformen des Erzählens

Erzählsituation

Erzählform: Ich-Form/Ich-Erzähler oder Er- bzw. Sie-Form?
Erzählhaltung: Ist der Erzähler einfühlend, ironisch oder kritisch, innerlich beteiligt oder eher distanziert? Ist der Erzähler zuverlässig?
Erzählperspektive: Außenperspektive oder Innenperspektive?
Erzählerstandort: Ist der Erzähler räumlich wie zeitlich nah oder fern und damit beteiligt oder distanziert zum Geschehen?
Erzählverhalten: Erzählt der Erzähler *auktorial*, d.h. »allwissend«, kommentierend, reflektierend, bewertend, vorausdeutend etc., oder *personal*, d.h. zurücknehmend, eingeschränkt aus dem subjektiven Blickwinkel einer Figur, oder *neutral*, d.h. distanziert, sachlich, weder aus der Sicht einer Figur noch von einer »allwissenden« Position heraus?

Figuren

Zentral für jede Geschichte sind die Figuren, die durch den Erzähler und andere Figuren charakterisiert werden. In diesem Zusammenhang spielen die *Figurenkonzeption* und *-konstellation* eine wichtige Rolle. Entwickeln sich einzelne Figuren dynamisch oder bleiben sie statisch? Wie werden sie charakterisiert: *indirekt* oder *direkt*; *explizit* oder *implizit*; durch *Eigen-* oder durch *Fremdcharakterisierung*? Welche Beziehungen gehen die Figuren mit anderen ein?

Redeformen

Wird *Erzählerrede* oder *Figurenrede* verwendet?
Bei Figurenrede: *direkte* oder *indirekte Figurenrede*, *erlebte Rede* oder *innerer Monolog*?
Wenn beim inneren Monolog eine Zeitdehnung vorliegt, syntaktische Regeln wegfallen und Psyche, Träume und Gefühle der Figur so authentisch wie möglich abgebildet werden, wird von einem *Bewusstseinsstrom* (stream of consciousness) gesprochen.

Zeit

Wie verhalten sich Erzählzeit und erzählte Zeit zueinander? Wird *zeitdehnend*, *zeitraffend* oder *zeitdeckend* erzählt? Werden Zeitstrecken der Handlung einfach übersprungen? Welche Tempusformen werden gebraucht?

Raum

In welchen Räumen, an welchen Orten spielt das Geschehen? Wie sind sie gestaltet? Wie sehr, wie wenig dienen sie dazu, eine Atmosphäre oder ein soziales Umfeld zu erzeugen?

Motive

Welche sind in dem Text(-auszug) zu finden? Haben sie als wichtiges Wiedererkennungsmoment eine ordnende und verbindende Wirkung im Text? Bilden bestimmte Bilder und Motive einen Zusammenhang? Wie sind sie angeordnet (Reihung, Rahmenbildung, Gegensatz)?

Elemente der Erzählweise analysieren

1 Erstellen Sie eine Tabelle, in der Sie links die zutreffenden Fachbegriffe von S. 44 übernehmen. Rechts notieren Sie stichwortartig, inwieweit diese Begriffe auf »Agnes« beziehbar ist und belegen Sie dies durch Textstellen.

Erzählsituation – Erzählform	Ich-Erzähler, S. 9
Figuren	
Redeformen	
Zeit	
Raum	
Motive	

2 Schreiben Sie folgende drei Stellen aus »Agnes«: S. 31, Z. 3–S. 33 Ende / S. 54 / S. 42, Z. 13–S. 43, Z. 25 in einen Bericht eines auktorialen Ich-Erzählers um. Der Bericht soll eine möglichst genaue Charakterisierung der beiden Hauptfiguren enthalten, soll erklären, weshalb sie das tun/reden, was sie tun/reden.

3 Analysieren Sie im Rundgespräch, wie Stamm seine Figuren charakterisiert. Nehmen Sie den kurzen Text von David Lodge (S. 42) zu Hilfe und achten Sie darauf, inwieweit eine Differenz feststellbar ist zwischen Sichtweise und Erklärungsfähigkeit des Erzählers einerseits und der des Lesers andererseits.

(Post-)Moderne Existenz

Peter Stamm

Das Leben in der Moderne 2004

Ich glaube, meine Generation ist ziemlich locker, auch was Beziehungen angeht. Nichts ist bei uns mit Schuld belastet wie vielleicht in früheren Generationen, wo selbst Onanie noch eine Sünde war. Das alles hat ein großer Teil meiner Generation nicht mehr gekannt. Wir sind frei, aber andererseits mit der Schwierigkeit dieser Freiheit konfrontiert. Es gibt keinen Widerstand, an dem wir uns reiben können, kein allgemeingültiges Wertesystem. Also müssen wir uns unsere eigenen Werte schaffen, unsere eigenen Widerstände. Das ist nicht ganz einfach, aber ich ziehe es dem anderen trotzdem vor. Ich mag diese Selbstständigkeit, auch wenn sie oft mit Einsamkeit verbunden ist.

Mircea Eliade beschreibt in seinem Buch »Das Heilige und das Profane« den Unterschied zwischen religiösen und säkularen Gesellschaften. In religiösen Gesellschaften gibt es nach ihm ein örtliches und ein zeitliches Zentrum. Es gibt die Kirche oder den Tempel als örtliches Zentrum und das Kirchenjahr, einen Zyklus sich wiederholender Feste, als zeitliches Zentrum. Es ist eine hierarchische Welt. In der säkularen Gesellschaft hingegen sind Zeit und Raum homogen. Da gibt es keine Zentren mehr, allenfalls Einkaufszentren. Sich in einer solchen Gesellschaft zu orientieren ist schwierig. Das beeinflusst auch die Literatur. Man könnte vielleicht sagen, wir leben in einer formlosen Zeit. Während es früher gesellschaftliche und religiöse Formen gab, die auch in die Kunst übernommen wurden, ist das Erschaffen von Formen heute die alleinige Aufgabe der Kunst. Auch oder insbesondere der populären Kunst.

Literatur ist immer ein Spiegel ihrer Zeit. Es ist sinnlos, die Literatur einer bestimmten Zeit als Ganzes zu kritisieren. Wer sich eine wärmere Literatur wünscht, müsste sich vielleicht erst um eine wärmere Gesellschaft kümmern [...].

Wenn man seine Zeit so ehrlich wie möglich beschreibt, wird man automatisch zur Stimme, vielleicht nicht der Generation, aber der Zeit. Ich will in meiner Zeit leben, mich ihr aussetzen und von ihr beeinflusst werden. Ich fand es immer ein wenig lächerlich, wenn Autoren den Computer verteufeln und behaupten, mit Stahlfedern schreibe man bessere Texte. Oder allenfalls auf einer mechanischen Schreibmaschine. Wenn man in der Zeit des Computers lebt, muss man sich dem auch stellen, weil das unsere Wirklichkeit ist. Man kann Computer ablehnen, man kann mit Stahlfedern schreiben, aber man sollte nicht so tun, als gebe es keine Computer.

1 Beschreiben Sie, wie Stamm die Beziehung des Schriftstellers zu seiner Zeit sieht.

2 Inwiefern könnte man »Agnes« als Spiegel unserer Zeit sehen? Bedenken Sie dabei auch die Rolle, die der Computer im Roman spielt.

Mircea Eliade

Religiöse und säkulare Kulturen 1957/1990

Die *Ursprungszeit* einer Realität, also die durch das erste Erscheinen dieser Realität gegründete Zeit, ist von exemplarischer Geltung und Funktion; deshalb bemüht sich der Mensch, sie mit Hilfe geeigneter Rituale periodisch zu reaktualisieren. Da aber die »erste Manifestation« einer Realität ihrer *Erschaffung* durch göttliche oder halbgöttliche Wesen gleichkommt, muss man den Schöpfungsakt der Götter wiederholen, um die *Zeit des Ursprungs* wiederzufinden. Die periodische Reaktualisierung der von den Göttern *in illo tempore* vollbrachten Schöpfungstaten bildet den heiligen Kalender, die Gesamtheit der Feste. Ein Fest spielt sich immer in der Zeit des Ursprungs ab, und eben das Wiederfinden dieser heiligen Zeit des Ursprungs bewirkt, dass der Mensch sich *während* des Festes anders verhält als *vor* oder *nach* dem Fest. Denn, auch wenn er in der Festzeit oft die gleichen Handlungen ausführt wie in den nicht festlichen Zeiträumen, glaubt der religiöse Mensch in einer *anderen* Zeit zu leben und »jene mythische Zeit« wirklich wiedergefunden zu haben.

Bei ihrer jährlichen Totemzeremonie, dem *intichiuma*, folgen die australischen Arunta dem Weg, den der göttliche Ahne des Clans in der *alcheringa*-Zeit (wörtlich »Traumzeit«) eingeschlagen hat. Sie machen an all den zahllosen Stellen halt, an denen der Ahne haltgemacht hat, und wiederholen seine Taten aus »jener Zeit«. Während der ganzen Zeremonie fasten sie, tragen keine Waffen und enthalten sich jeder Berührung mit ihren Frauen oder Mitgliedern anderer Clans. Sie sind ganz in der »Traumzeit« untergetaucht.

Die jährlichen Feste auf der polynesischen Insel Tikopia reproduzieren die »Werke der Götter«, d.h. die göttlichen Taten, die in mythischer Zeit die Welt schufen, so wie sie heute ist. Die festliche Zeit, in der man während der Zeremonien lebt, ist durch bestimmte Verbote (*tabu*) gekennzeichnet: kein Lärm, keine Spiele, keine Tänze. Das rituelle Entzweischneiden eines Holzstückes bezeichnet den Übergang von der profanen zur heiligen Zeit. Die vielfachen Zeremonien, aus denen die periodischen Feste bestehen und die, um es noch einmal zu sagen, nichts anderes sind als die Wiederholung der beispielhaften Handlungen der Götter, unterscheiden sich *scheinbar* nicht von den normalen Tätigkeiten: es handelt sich dabei um rituelles Ausbessern von Booten, um rituelles Anbauen von Nährpflanzen (Yam, Taro usw.), um die Instandsetzung von Heiligtümern. Doch in Wirklichkeit unterscheiden sich alle diese zeremoniellen Arbeiten sehr wohl von entsprechenden Tätigkeiten in der gewöhnlichen Zeit, denn sie werden *nur an einigen Gegenständen* – die gewissermaßen die Archetypen der betreffenden Klasse sind – vorgenommen und in einer von Heiligem getränkten Atmosphäre ausgeführt.

Die Eingeborenen reproduzieren bewusst bis in die kleinsten Details die exemplarischen Handlungen, welche die Götter *in illo tempore* vollzogen haben.

Der religiöse Mensch wird also periodisch zum Zeitgenossen der Götter, insofern er die ursprüngliche Zeit reaktualisiert, in der die göttlichen Werke geschehen sind. Auf der Ebene der »primitiven« Kulturen hat alles, was der Mensch tut, ein übermenschliches Modell; sogar außerhalb der Festzeit ahmt er in seinen Handlungen die beispielhaften Werke der Götter und mythischen Ahnen nach. Doch diese Nachahmung birgt die Gefahr, immer ungenauer zu werden; das Modell könnte entstellt, ja, vergessen werden. Die periodischen Reaktualisierungen der göttlichen Taten, d. h. die religiösen Feste, lehren die Menschen wieder die Heiligkeit der Modelle. Die rituelle Instandsetzung der Boote oder der rituelle Anbau der Yamswurzel haben keine Ähnlichkeit mehr mit den entsprechenden Arbeiten, die außerhalb der heiligen Zeiten ausgeführt werden. Sie sind genauer, sie kommen dem göttlichen Vorbild näher, und sie sind *rituell*, d. h. ihrer Intention nach religiös. Man repariert in der Zeremonie ein Boot nicht, weil es reparaturbedürftig ist, sondern weil in mythischer Zeit die Götter den Menschen gezeigt haben, wie man ein Boot repariert. Es handelt sich nicht mehr um eine empirische Verrichtung, sondern um einen religiösen Akt, eine *imitatio dei* […]

Man kann natürlich nicht alle Typen von periodischen Festen auf dieses Beispiel zurückführen. Doch interessiert uns hier nicht die Morphologie der Feste, sondern die Struktur der heiligen Zeit, die in den Festen aktualisiert wird. Von der heiligen Zeit aber kann man sagen, sie sei immer dieselbe, »eine Folge von Ewigkeiten« […] Denn wie komplex ein religiöses Fest auch sein mag, es handelt sich immer um ein heiliges Ereignis, das *ab origine* stattgefunden hat und rituell wieder gegenwärtig gemacht wird. Die Teilnehmer des Festes werden zu Zeitgenossen des mythischen Ereignisses. Anders gesagt: sie treten aus ihrer historischen Zeit heraus – d. h. aus der Zeit, die sich aus der Summe der profanen, persönlichen und zwischenpersönlichen Ereignisse konstituiert – und finden zurück in die primordiale Zeit, die immer dieselbe ist, die zur Ewigkeit gehört. Der religiöse Mensch mündet periodisch in die mythische und heilige Zeit, findet die *Zeit des Ursprungs* wieder, die »nicht abläuft«, weil sie an der profanen Zeitdauer nicht teilhat, weil sie aus einer unendlich oft erreichbaren ewigen Gegenwart besteht.

Der religiöse Mensch hat das Bedürfnis nach einem periodischen Eintauchen in diese heilige und unzerstörbare Zeit. Für ihn wird die andere, gewöhnliche Zeit, die profane Zeitdauer, in der jede menschliche Existenz verläuft, erst durch die heilige Zeit ermöglicht. Nur die *ewige Gegenwart* des mythischen Ereignisses ermöglicht die *profane Zeitdauer* der historischen Ereignisse.

1 Erstellen Sie eine Tabelle, in der Sie die Unterschiede zwischen religiösen und säkularen (weltlichen) Kulturen aus Eliades Sicht zusammenstellen.

2 Wie empfingen Sie die moderne säkulare Zeit? Äußern Sie sich zu Vor- und Nachteilen aus Ihrer Sicht.

Die Zeitstruktur in »Agnes« analysieren

1 Vergegenwärtigen Sie sich den Handlungszeitraum des Romans und diskutieren Sie im Plenum über seine metaphorische Bedeutung; beziehen Sie mögliche Schlussvarianten mit ein.

2 Erstellen Sie eine Liste der Feier-/Gedenktage, die im Roman eine Rolle spielen; informieren Sie sich – soweit nötig – über die ursprüngliche Bedeutung der Feiertage bzw. über den Bezug der Gedenktage.

3 Erarbeiten Sie jetzt eine Tabelle, in der Sie die Bedeutung der Handlungselemente an Fest-/Gedenktagen für die Protagonisten festhalten.

Feier-/Gedenktag im Roman	ursprüngliche/r Bedeutung/ Bezug	Bedeutung der jeweiligen Handlung für die Protagonisten

4 Vergleichen Ihre Ergebnisse in der rechten Spalte mit dem Text Mircea Eliades (S. 47/48): In welcher Form nimmt Peter Stamm Vorstellungen des rumänischen Religionshistorikers auf?

Yvonne Spielmann

Hybridkultur 2010

Die Hybridität der Gegenwart durchdringt mit neuen Reichweiten, gesteigerter Komplexität und prinzipiell unbegrenzter digitaler Verknüpfung in einem ungeahnten Ausmaß Ökonomie, Politik, Gesellschaft, Medien und Kultur. […]

[Bei hybriden Prozessen erfolgt ein] Zusammentreffen von verschiedenartigen Elementen in spezifischen Mischungsverhältnissen […], die Unterschiede nicht glätten oder auflösen und tendenziell unabschließbar sind. Es verhält sich vielmehr so, dass die Unterschiedlichkeit als Merkmal und Motor einer permanenten Prozessualität und Variabilität hervorsticht […] Mit den technologisch möglich gewordenen Veränderungen im Kontakt von physisch erfahrbarer und vorgetäuschter Wirklichkeit müssen auch die Parameter von visueller und kognitiver Erkenntnis neu situiert werden. Denn es steht nicht länger die Vortäuschung von Realität beziehungsweise ihre Verneinung in einer bildnerisch, film- oder fototechnisch dargestellten Simulation von Wirklichkeit zur Debatte. Im Unterschied zu […] der Vortäuschung […] und Verstellung […] ist das Erkenntnisvermögen angesichts digitaler Virtualität mit durchmischten Verhältnissen konfrontiert, die zugleich beiden Ebenen, der realen und virtuellen, mit wechselseitig durchlässigen Übergängen und variablen Verknüpfungen angehören. Schließlich sollte sich mit Hybridität versuchsweise eine dialogische Kulturform [beschreiben] lassen, die in sozialen wie ästhetischen »Kontakten« nichtaufgelöste Differenzen enthält. [Verknüpfungen] würde[n] hierbei die produktive Differenzspannung aufbauen, und diese finde ihren Niederschlag in vielfältigen Fusionen […]

[D]as so zusammengetragene Wissen über den Fremden und Anderen [bestärkt] die eigene Position. […] Differenz kann bedrohlich wirken und Abstände vergrößern, sofern das Fremde nicht den Kategorien des Eigenen zugeordnet werden kann. All dies, darauf weist die Kritik hin, geschieht anstelle einer dialogischen Auseinandersetzung mit den unterschiedlichen […] Identitätsentwürfen. Eine dialogische Auseinandersetzung würde in der Konsequenz dagegen eine Veränderung auf jeder Seite nach sich ziehen. […] [P]ositive Hybridation besteht sowohl in der Differenz als auch in ihrer Vermittlung. Die Brücke zwischen beiden Modalitäten des Ausdrucks schlägt der Dialog. Hierdurch wird ein Modell von Vielfalt eingeführt, das aus einer Interrelation mit den Struktureigenschaften des Sowohl-Als-auch folgt. Die Interrelation enthält also zweierlei: Sie wird sowohl Differenz in der Begegnung des Verschiedenartigen stehen lassen und als Bereicherung anerkennen als auch diese Gegebenheit zum Ausgangspunkt einer Steigerung von Vielfalt nehmen und sie in einen Prozess des Verhandelns und Vermittelns kommunikativ einbinden.

1 Klären Sie Ihr Vorverständnis von »Hybridität« im Rundgespräch. Sie können dabei z. B. von der Biologie oder Kfz-Antrieben ausgehen.

2 Erarbeiten Sie in Kleingruppen, welche Rolle und Bedeutung die Begriffe *Differenzen* und *Dialog* im Konzept der Autorin haben.

3 Wie sieht es mit der Dialogfähigkeit der Protagonisten aus? Beziehen Sie bei Agnes die Begriffe *Symmetrie / Asymmetrie* mit ein.

4 Informieren Sie sich
- über die grundsätzliche Unterschiedlichkeit, in der in analogen und digitalen Medien Bilder entstehen;
- über die Zuordnung von Video zu den digitalen bzw. analogen Medien.

Wilhelm Schmid

Was ist Glück? 2007

Die Antwort erscheint zunächst einfach: Glück ist nichts als ein Wort. Also Schall und Rauch. Entscheidend ist allerdings, was mit dem Wort bezeichnet wird, welche Bedeutung ihm gegeben wird. [...] Bei genauerem Hinsehen erweist sich, dass nicht etwa nur eines, sondern mehrere »Glücke« im Spiel sind, die auseinander zu halten sinnvoll erscheint. [...]

Da ist zuallererst das *Zufallsglück*, das das ganze Leben hindurch Bedeutung hat: Menschen wünschen sich etwas, das ihnen unvermutet zufällt und günstig für sie ausfällt. [...] Vermutlich liegt ein Zufall schon der Zeugung eines Menschen, sodann aber vielen Ereignissen seines Lebens zugrunde. [...] Dass ein, zwei Glücksfälle Eigendynamik gewinnen können und weitere anziehen; dass umgekehrt, wenn man kein Glück hat, »auch noch Pech dazukommt«: Das lässt auf ein *Aufschaukelungsgesetz* schließen, dem die Zufälle folgen, und jedes Mal glaubt der Betroffene, dass es jetzt für immer so bleiben wird. [...]

Suchen Menschen in moderner Zeit nach Glück, so verstehen sie darunter meist, dass es ihnen gut geht, dass sie gesund sind, sich wohl fühlen, Spaß haben, angenehme Erfahrungen machen, Lüste empfinden, Erfolg haben, kurz: all das erleben, was als positiv gilt. Menschen suchen ihr Glück vorzugsweise in der »guten Stimmung«, und wenn es dann doch zu einer Verstimmung kommt, müssen sie sich von dieser lästigen Störung alsbald wieder befreien. Neben dem Zufallsglück geht es also um ein Glück, das man das *Wohlfühlglück* nennen kann [...].

Kaum eine philosophische Auffassung hat sich je dermaßen durchgesetzt wie diese moderne Glücksformel. Die moderne Spaß- und Erlebnisgesellschaft wäre ohne Streben nach Glück in diesem Sinne gar nicht denkbar gewesen. Nicht dass es in irgendeiner Weise verwerflich sein könnte, Lüste zu empfinden und von Schmerzen frei zu sein. Das Problem ist nur: Diese Art von Glück hält nie lange vor. Es hat seine Zeit, [...] es hält glückliche Augenblicke bereit, für die der Einzelne sich offen halten und die er auch selbst präparieren kann; Augenblicke, die sich suchen und finden lassen und die so schön sind, dass sie »verweilen« sollen. Für dieses Glück lässt sich wirklich viel tun, es ist machbar, soweit es sich nicht ohnehin von selbst ergibt. Mit ein wenig Erfahrung kann ein Mensch seine Ingredienzien kennen und an ihrer Bereitstellung arbeiten, Tag für Tag. So ein Glücksmoment ist eine aromatisch duftende, wohlschmeckende Tasse Kaffee. Oder ein schöner Film, der zelebriert wird und für den man vielleicht einen ganzen Abend im Kino verbringt. Oder das vertraute Gespräch, in dem Liebende und Freunde sich miteinander gelegentlich selig verlieren, denn die Aufmerksamkeit des Anderen tut so gut, dass es dabei kaum je zur Sättigung kommt. Oder die Wellness, die in der Sauna, im Spa oder sonst wo zu genießen ist. […] Auch die Herausforderung, die bewältigt wird, die neue Erkenntnis, die neue Erfahrung, der unbekannte Weg, die ungewohnte Umgebung, die andere Tätigkeit, solange sie den Reiz des Neuen bietet. Und durchweg die Vorfreude auf all das, das Verlangen und Begehren danach, das oft mehr Glück vermittelt als das Genießen selbst, noch dazu eines, das weit länger vorhält. […]

Was ist mit den Momenten danach, mit den Zeiten dazwischen? Moderne Menschen sind nicht darauf vorbereitet, dass es diese »Auszeiten« gibt, diese Flauten; sie tun sich schwer mit den tristen, grauen, alltäglichen Zeiten, in denen die Lust sich erst wieder erholen muss. Bei allen Anderen scheint das Leben ein einziger Brüller zu sein, insbesondere die Schönen, Reichen, Berühmten scheinen das permanente Wohlgefühl gepachtet zu haben, nur bei einem selbst gelingt das nicht. […]

Glück […] geht nicht darin auf, nur eine Seite des Lebens, nämlich die des Angenehmen, Lustvollen und »Positiven«, anzuerkennen und allein zu betonen. Das größere Glück, das Glück der Fülle, umfasst immer auch die andere Seite, das Unangenehme, Schmerzliche und »Negative«, mit dem zurechtzukommen ist. Niemand sucht dieses Andere, aber auszuschließen ist es nicht. Im besten Fall ist es zu mäßigen, und die beste Voraussetzung dafür ist, das Andere des Lebens in seinem Recht auf Existenz grundsätzlich anzuerkennen.

Abhängig ist dieses Glück der Fülle allein von der geistigen Haltung zum Leben, die ein Mensch einnimmt und im Laufe der Zeit im Denken einübt, ausgehend von der Überlegung, was denn das Eigentümliche des Lebens durch all seine Phänomene und Unwägbarkeiten hindurch ist: Ist es nicht die Polarität, die Gegensätzlichkeit und Widersprüchlichkeit, die sich in allen Dingen und Erfahrungen zeigt? Das moderne Welt- und Menschenbild ging davon aus, dass alles »positiv« sein kann, aber es ist nun mal so, dass es »negative« Dinge gibt, die nicht verschwinden, unabhängig davon, wie viele Schönheitsoperationen unternommen, Medikamente erfunden, politische Maßnahmen ergriffen werden. Hartnäckig fordert das Leben seine Polarität ein, etwa beim modernen Versuch zur Ausschaltung von Lebensrisiken, mit der Folge, dass Menschen willentlich nach riskanten Unternehmungen (Abenteuerurlaub) suchen, da ein Grundmaß an Risiko offenkundig nicht unterschritten werden kann. So dass der Einzelne sich fragen könnte: Ist es mir möglich, die Polarität des Lebens zu akzeptieren, nicht in jeder ihrer Erscheinungsformen, aber in ihrer Grundstruktur? Kann ich einverstanden sein mit dem gesamten Leben? Wie lebe ich mit dem Negativen an mir selbst und in meinem Leben? Erscheint das Leben in all seiner Polarität dennoch von Grund auf schön und bejahenswert? Dann kann ich mich eingebettet wissen in einen größeren Zusammenhang, in dem das Eine wie das Andere Platz hat. Mit einer Dankbarkeit gegenüber dem Leben und einer Freude, die nicht darauf beruht, nur die positive Seite des Lebens wahrhaben zu wollen.

1 Welche Formen von Glück unterscheidet der Autor?

2 In Kapitel 14 spielt Glück eine wichtige Rolle. Vergleichen Sie sie mit dem Text Wilhelm Schmids.

3 Wie würden Sie *Glück* definieren?

Rezensionen

Norbert Straub

Rieselnde Wirklichkeiten – »Agnes«: Peter Stamms beeindruckendes Erzähldébut 1998

Der 35-jährige Winterthurer Peter Stamm [...] legt mit »Agnes« seinen ersten Roman vor [...] »Agnes« ist, gleich sei's gesagt, ein kluges, in jeder Hinsicht überzeugendes Buch über ein großes, anstößiges Thema – den Skandal des Todes in einer restlos auf- und abgeklärten Welt. Brüskierend führt der Beginn in medias res: »Agnes ist tot. Eine Geschichte hat sie getötet.« Stamms Text verströmt von Anfang an eine unterkühlte Trauer, auch den Ton einer Beichte glaubt man zu vernehmen. Mit gutem Grund, denn es könnte auch heißen: »Meine Geschichte hat sie getötet.«

Doch der Reihe nach: Im Lesesaal der Public Library des winterlichen Chicago trifft ein Schweizer Sachbuchautor, der über US-Luxus-Eisenbahnwagen recherchiert, auf eine weit jüngere Physikerin. Schnell kommen sie einander näher, auch auf Grund seines Eifers, ihr elfenhaftes, in sich gekehrtes Wesen zu entschlüsseln. Zunächst wie zufällig, dann aber in immer strengerem Takt tritt das Generalthema Tod auf. So etwa, wenn eine junge Frau leblos auf dem Gehsteig liegt, wenn Agnes, gebannt vom tödlichen Unfall, einer Kindheitsfreundin berichtet oder wenn ihre Sorge fast aufsässig um die Zeugenschaft, die »Spuren« kreist, die einer nach seinem Ableben hinterlässt (oder eben nicht). Bei diesen Miniaturen ist kein Wort zu viel, sie folgen dem zurückgenommenen, sachlich-kargen Erzählton und bleiben als vibrierende Rätsel stehen. Stamm beherrscht seine Mittel und weiß sie entschieden und verbindlich einzusetzen [...]

Dort, wo die Fantasie das Zepter übernimmt, hat die Erzählung ihre faszinierendsten Passagen. Mit der unheimlichen Verwandlung des Realen ins Mediale spricht Peter Stamm mit leichter Hand, aber präzise an, was die Gegenwartsliteratur zu einem großen Teil umtreibt, aber von ihr nur selten so elegant vermittelt wird: In unserer Welt der rieselnden und rutschenden Wirklichkeiten lässt sich immer müheloser auf Echtheitszertifikate für Erfahrungen verzichten. Das Buch »Agnes« delegiert die Lebensführung an den Text, macht Biografie zum Spiel. An der Schnittstelle zwischen Existenz und Fiktion zieht der Regisseur seine Fäden, in – nebenbei gesagt – recht selbstherrlicher, ja machohafter Attitüde. Man könnte daraus eine hurtige Kritik ableiten. Doch lohnt es sich, darüber hinaus zu denken. Der Roman als Auffangbecken, als Drehbuch eines anders nicht mehr lebbaren Lebens: Stamms Kunst besteht darin, diesen schwierigen Sachverhalt mit seiner Geschichte plastisch und begreifbar zu machen [...].

1 Formulieren Sie mit eigenen Worten, worin der Rezensent Stärken des Romans »Agnes« sieht.

2 Suchen Sie in Kleingruppen nach Belegstellen, die die Auffassung Straubs unterstützen können.

Peter Henning

Im lauen Bad der Sätze 2001

Von der Überschätzung eines Autors am Beispiel des Zürchers Peter Stamm

»Die Härte, mit der die Sätze sich an der Wirklichkeit reiben, entscheidet darüber, ob am Ende Kunst entsteht«, erläuterte einmal der amerikanische Schriftsteller John Cheever in einem Interview seine Auffassung von realistischem Schreiben. »Wenn du wirklich aufs Ganze gehst, entsteht am Ende im besten Fall eine Melodie, erregende Musik im Ohr des Lesers.«

Peter Stamms Literatur erregt nicht. Sie ist auch nicht wie Musik. Sie ist eher ein Rinnsal, bestenfalls abgestandenes Mineralwasser, in dem Dichtung nur noch als Spurenelement vorkommt. Und so handelt es sich bei seinem Romanerstling »Agnes« von 1998 ebenso wenig um »vollkommene Prosa« (Focus), wie auch seine Geschichtensammlung »Blitzeis« (1999) nicht im mindesten – so die FAZ – an die meisterhafte Sammlung »Wovon wir reden, wenn wir von Liebe reden« des Amerikaners Raymond Carvers erinnerte [...].

Vom Erzählen weit entfernt

Statt auch nur ein einziges Mal einen Blick in die Abgründe seiner Figur zu riskieren, bemüht Stamm immer wieder die [...] Landschaften [...] als Chiffren für deren Innenlage. Er haspelt und zappelt sich durch seine Geschichte und beginnt just in dem Moment zu schweigen, da sein Stoff auf so etwas wie Wahrheit zusteuert [...].

Peter Stamm [...] ist vom Erzählen [...] weit entfernt [...]. Vielmehr erweist sich dieser Hobbypsychologe einmal mehr als ein Meister der Binsenwahrheiten und gedankenlos produzierter Klischees.

Nein, Peter Stamm ist mitnichten ein zweiter Max Frisch [...]. Seinen Geschichten fehlen die schneidende Reduktion und das betont Schlaglichtartige großer Kurzprosa ebenso, wie es den Romanen an Atem und jener inneren Notwendigkeit [...] mangelt, die Literatur von Kunstgewerbe trennt. Hier sitzt die deutsche Literaturkritik einem kollektiven Missverständnis auf – so sympathisch es auch in Gestalt des Mannes aus Winterthur daherkommen mag. Denn: Wer so ungerührt über die innersten Nöte seiner Figuren daherschwadroniert, missversteht die Kunst des Romans. Schreiben heißt im besten Fall alles auf eine Karte setzen. Stamm aber scheut jedes Risiko – und setzt seine Texte in den Sand.

Wer so wenig wagt, hat unsere Aufmerksamkeit nicht verdient. Er mumifiziert ein Genre.

1 Diese Kritik ist anlässlich des Erscheinens von Stamms zweitem Roman »Ungefähre Landschaft« erschienen, bezieht aber seine bis dahin erschiene Prosa ausdrücklich mit ein. Stellen Sie sich vor, Sie nähmen an einer Podiumsdiskussion teil, auf der auch Peter Henning auftreten würde. Notieren Sie in Kleingruppen auf Stichwortzetteln Aspekte, mit denen Sie Henning zustimmen oder widersprechen könnten.

2 Schreiben Sie selbst eine Rezension zu »Agnes« oder einen Leserbrief, in dem Sie sich mit einer der beiden abgedruckten Rezensionen kritisch aus einandersetzen.

Drehbuch

Birgit Schmid

Agnes' Charakterisierung im Drehbuch 2004

Agnes' Eigenartigkeit wird im Drehbuch vor allem auch mittels des Dialogs manifest. Mit unverständlichen Sätzen entzieht sie sich, reagiert zum Beispiel sehr seltsam auf Walters Liebeserklärungen. »Du musst nicht«, verstört sie ihn, als er ihr zum ersten Mal seine Liebe erklärt (Sz. 42). »Liebst du mich?«, fragt Walter, nachdem er ihr erneut seine Liebe gestanden und ihr (in der fiktiven Geschichte) seine Wohnung angeboten hat, worauf sie antwortet: »Steht das nicht in der Geschichte?« (Sz. 46).

»Findest du mich schön?«, fragt sie an anderer Stelle und macht Walter mit der »ungewöhnlichen Frage« (Sz. 24) verlegen: »Du bist hübsch, doch. Schön ... Ich glaube, die meisten Männer wollen gar keine schönen Frauen. Du bist ... ich habe noch nie eine Frau wie dich gekannt. Speziell.« (ebd.).

Agnes ist zwar scheu, scheint sich aber ihrer Wirkung auf den Mann durchaus bewusst zu sein und kokettiert damit. Beim ersten gemeinsamen Essen stellt sie ihm, wie er leicht erstaunt bemerkt, bereits die »großen Fragen« (Sz. 26) zum Thema Tod oder über die Liebe – Agnes: »Die kleinen Fragen interessieren mich nicht [...]« (ebd.). Agnes macht sich vom ersten Augenblick an interessant. Sie will eine Beziehung mit Walter und setzt dafür ihre erfrischend wirkende Naivität und Unschuld fast strategisch ein. Sie wisse gar nicht, »wie das geht. Ich war ja immer allein. Du musst es sagen, wenn ich etwas falsch mache« (Sz. 34).

Die Rätselhaftigkeit und Fremdheit, später die zunehmende Verstörtheit, verleihen Agnes Tiefe. Die Figur hat weitere – neue – Facetten: eine toughness, eine vitale Energie ... Die Figur kommt auf den Boden, indem sie in einer viel konkreteren Lebenswirklichkeit verankert wird. Dadurch wird Agnes etwas gewöhnlich, alltäglich, amerikanisch: Sie trägt ein T-Shirt der »Chicago Bears«, geht mit Begeisterung zu Baseballmatches und kennt sich im Sport aus (Sz. 78/79).

Obwohl Agnes introvertierte Hobbys hat – von Kind auf ist ihr die Literatur Traumwelt und Fluchtmöglichkeit, zudem spielt sie Cello, – hat sie einen ausgeprägten Sinn fürs Praktische, was sich etwa beim Campieren zeigt (Sz. 52ff.). Der vergeistigte Walter dagegen verhält sich oft ungeschickt und tollpatschig, und ironisch-zärtlich macht sie sich über ihn lustig; im Hallenbad (Sz. 49) wie beim Zeltaufstellen (Sz. 55). In der pragmatischen Agnes erkennt man die dissertierende Wissenschafterin wieder.

Nach dem großen Erfolg des Romans »Agnes« tauchte schnell die Frage nach einer Verfilmung auf. Stamm selbst behielt sich das Recht vor, das Drehbuch zu schreiben, die Produktionsgesellschaft war nur unter der Bedingung einverstanden, dass er einen Workshop über Drehbuchschreiben besuchen würde. Bis zum Jahr 2002 entstanden verschiedene Fassungen, realisiert wurde der Film bis heute nicht.
Grundsätzlich stand Stamm vor der Frage, welche Änderungen er an Handlung, Figuren und Figurenkonstellation vornehmen musste, um das Sujet filmgerecht zu machen.

Eine erste wichtige Änderung bei der Figur des Erzählers: er bekommt einen Namen – Walter Bühler.

Agnes nimmt jetzt – der erste Auftritt führt sie so vor – einen Standpunkt ein. Sie gibt sich bestimmt, hat eine starke Persönlichkeit; vor allem am Anfang demonstriert sie immer wieder ihre Emanzipation und Unabhängigkeit von Walter. Sie mimt die Überlegene, die es genießt, ihn verliebt zu machen. [...]

Nach der Fehlgeburt fällt Agnes vom Leben, in das sie im Drehbuch stark verankert ist, ab. Sie lässt das Leben mit sich geschehen, wirkt oftmals ohne Antrieb, lethargisch, gleichgültig. Als sie wieder zu Walter zieht, ist die erste Geste symptomatisch: »Walter umarmt Agnes. Sie lässt es geschehen, tritt dann zum Fenster und schaut hinaus« (Sz. 118) – das emblematische Bild der Einsamkeit und Verlorenheit im Roman wie im Filmskript ist hier durch einen Rollenwechsel neu besetzt. Agnes' Isolation und Rückzug wird dadurch verstärkt, dass Walter nichts von ihrer Fehlgeburt weiß, sich auf das Kind freut und Agnes eifrig umsorgt. Ihren Verlust an Vitalität –»Ich bin müde, Walter. Ich bin müde« wehrt sie seinen körperlichen Annäherungsversuch ab (Sz. 120) – akzeptiert er vorerst noch und er versucht sie zu motivieren, als auch sein Buchprojekt sie nicht mehr interessiert: »Ich schreibe unser Buch. Dein Buch. Und vielleicht habe ich schon einen Verlag« (Sz. 126); doch »Agnes wendet sich ab« (ebd.). Das Paar umkreist sich, verpasst sich immer mehr; Agnes driftet davon.

In Agnes' Leiden [...] kommt das Thema des Drehbuchs [...] am stärksten zum Ausdruck: Die Aufgabe der Frau an den Mann; ihr Wunsch, sich aufzulösen, zu verschwinden in der Kunst, je mehr der Mann sie dafür benutzt und nach seinem Bilde formt. In den wiederkehrenden Szenen, in denen Agnes nackt vor dem Spiegel steht und ihr Bild betrachtet und berührt (Sz. 29, 39), gibt es Momente der Selbstvergewisserung, der Frage nach sich selbst. Verknüpft damit ist ihre Todesfurcht, die sie immer wieder äußert (vgl. Sz. 26), ihre Angst vor dem Verschwinden; darum soll Walter ihre gemeinsame Geschichte aufschreiben. Die Hingabe ans vorgeschriebene Leben steht neben dem zunehmenden Sich-Sträuben dagegen. Als sich Agnes etwas erholt hat, will sie das Buch nicht mehr: »Ich habe nicht gewusst, wie wirklich es wird. Aber es ist eine Lüge. Es ist krank« (Sz. 141).

Das »Happy Ending« versöhnt sie nicht. Agnes: »Nein. Ich will kein Ende. Ich will nur mit dir sein. Keine Geschichte. Sein wie alle anderen. Dazu gehören.« [...] »Ich will meinen Weg gehen und warten bei Rot und gehen bei Grün. Mehr will ich nicht.«

Hier formuliert Agnes gleichsam ihre Überlebensbedingung. Sie lehnt das literarische Leben ab, weil sie darin untergehen und verschwinden wird. Sie negiert alle ihre Besonderheiten, ihr exotisches Anderssein, das der Kunst so schön zudient. Sie will die Unabhängigkeit von Walter, dem Schriftsteller, und ihren Weg gehen; und doch will sie mit ihm leben, aber in der normalen Wirklichkeit. Doch der Künstler obsiegt – die Frau bekommt ihr literarisches Ende.

1 Bilden Sie Kleingruppen und teilen Sie den Romantext nach Kapiteln auf. Erstellen Sie dann eine Stichwortliste: Agnes im Roman und im Drehbuch – Gemeinsamkeiten und Unterschiede.

Peter Stamm

Drehbuch zu einer »Agnes«-Verfilmung, Szene 5 2004

Ext(ern). Straße Innenstadt, Tag
Walter geht eine Straße entlang. Er scheint es nicht eilig zu haben. Er kommt zur Bibliothek. Auf der Treppe spricht ihn ein Homeless an. Walter spricht mit ihm, gibt ihm seine Zeitung. Die beiden lachen. Agnes sitzt auf der Treppe, raucht und beobachtet die Szene. Sie ist sechsundzwanzig, trägt ein kurzes, blaues, sehr schlichtes Kleid. Walter geht die Treppe hinauf an ihr vorbei. Er bemerkt sie nicht, aber sie schaut ihm nach, als er im Gebäude verschwindet.

Peter Stamm

Drehbuch zu einer »Agnes«-Verfilmung, Szene 6 2004

Int(ern). Bibliothek, Lesesaal, Tag
Walter schläft mit dem Kopf auf dem Tisch. Agnes steht neben ihm, in den Armen einen Stapel Bücher. Sie schaut Walter lange nachdenklich an. Dann schaut sie sich die Bücher an, die vor ihm liegen. Sie tritt einen Schritt zurück und lässt absichtlich einige Bücher fallen. Walter wacht auf. Er hilft Agnes, die Bücher aufzuheben, schaut sich die Bücher an und stutzt. Agnes setzt sich Walter gegenüber, beginnt, sich sorgfältig einzurichten. Sie sortiert die Bücher, legt Bleistift, Lineal und Taschenrechner zurecht. Walter schaut ihr dabei zu und sie schaut selbst immer wieder auf.

Birgit Schmid

Die männliche Hauptfigur im Drehbuch 2004

Walter wirkt oft unbeherrscht, überrascht mit spontanen Entscheidungen, Handlungen und Gesten. Walter wird zum Beweisführer seiner Liebe. Der Höhepunkt seiner Liebesbezeugung ist ein Ring, den er Agnes nach der Fehlgeburt schenkt (Sz. 149); ein impliziter Heiratsantrag. Auch sonst gesteht der Protagonist Agnes immer wieder seine Liebe; weniger in Taten als in Worten. Auffällig oft taucht die Formel »Ich liebe dich« (Sz. 42, 46) auf und er will es auch von ihr wissen: »Liebst du mich?« (Sz. 46).

Als er Agnes kennen lernt, verliert er sofort das Interesse an Louise, unter deren Gleichgültigkeit er zuvor gelitten hat (Sz. 12, 33). Er verliebt sich ernsthaft.

Die neuen Gefühle in ihrer Dringlichkeit (»Ich will sie!«) werden zu einer Art Sensation, auch durch Walters konkreten Erfahrungshintergrund: Walter hat lange nicht mehr geliebt und »schon Angst gehabt, dass ich es verlernt habe« (Sz. 60). Es ist ihm ernst, und aus Liebe willigt er auch in Agnes' Wunsch ein, ihre gemeinsame Geschichte zu schreiben.

Als er Agnes nach Bekanntgabe ihrer Schwangerschaft zurückstößt, »weil das nicht in deine Geschichte passt« (Sz. 95), folgt nach ihrem Auszug eine Zeit des Leidens. Hier ist das »Ich will sie!« der Figur am authentischsten (Sz. 102–109), der Mann ist leidensfähig in hohem Maß, stille Bilder erzählen davon, benennen die Emotionen jetzt. Schweigend steht er immer wieder am Fenster, schaut hinaus (Sz. 104: »Walter ist verzweifelt. Er geht zum Fenster, schlägt mit der Faust gegen den Rahmen«) [...]

Er lässt sich gehen, sieht »unrasiert, zerzaust« (Sz. 109), »übernächtigt« (Sz. 110) aus. Aktiv ist Walter in dieser Zeit einzig darin, sich die kleine Familie in der fiktiven Geschichte zu erschreiben. Damit fährt er fort, als er Agnes zurückgewonnen hat (Sz. 121–125), und es folgt eine Zeit der Harmonie. Walter, der [...] nichts von Agnes' Fehlgeburt weiß, steigert sich in Vaterfreuden und umsorgt Agnes aufopfernd, sucht sich Namen aus, legt sein Ohr an Agnes' Bauch und wundert sich, dass sie nicht dick geworden ist (Sz. 120). Nachdem sie ihm die Wahrheit gesagt hat, fängt er sich nach der ersten Enttäuschung schnell und erträumt sich das Glück weiterhin »Es wird gut« (Sz. 134).

Walter ist versöhnlich, romantisch und gerade darum auch ignorant; er spürt Agnes' Bedrücktheit und Trauer nicht. Je stärker sich Agnes dann aber zurückzieht, umso ungeduldiger wird er und erschreibt sich die heile Welt in der fiktiven Geschichte, die er Agnes widmen wird – eine Alltagsflucht. Er kompensiert die Unstimmigkeit in seinem Buchprojekt, das realisierbar geworden ist; Louise, die aus einer Verlegerfamilie kommt, verspricht ihm die Kontakte. Auch als Agnes die Geschichte längst nicht mehr will (»Es ist eine Lüge.«, Sz. 141), bleibt Walter beharrlich (ebd.): »Man kann nicht einfach aufhören mit einer Geschichte. Sie geht weiter. Sie geht weiter und sucht sich ihr Ende. Es ist wie ein Stein, den man geworfen hat. Er ist nicht aufzuhalten.«

Walter ist bestimmt und klar und verfolgt hartnäckig sein Ziel. Er bemerkt jedoch zu spät, dass die Idee Eigendynamik angenommen hat: Längst hat er sein »Ich will Agnes« auf die fiktive Agnes projiziert. Noch konstatiert er den Kontrollverlust, versucht ihn zu stoppen: »Sie [die Figuren] sind lebendig geworden. Viel zu lebendig. Sie haben mir Angst gemacht. Dann habe ich einen anderen Schluss geschrieben. Für Agnes« (Sz. 144). Den Alibi-Schluss ersetzt er jedoch später wieder durch das tragische Ende, nachdem Louise, die Intrigantin, das »Buch für Agnes« beurteilt hat (Sz. 144, 154), und läutet damit Agnes' Untergang ein.

1 Erstellen Sie für den Erzähler die gleiche Stichwortliste wie für Agnes.

2 In welcher Fassung ist Ihnen die männliche Hauptfigur sympatischer? Begründen Sie.

Literarische Figuren miteinander vergleichen

1 Strukturieren Sie die erstellten Stichwortlisten, indem Sie Vergleichsebenen als Oberbegriffe suchen und passende Stichwörter ihnen zuordnen. Sie können dies arbeitsteilig (Agnes – Erzähler / Unterschiede – Übereinstimmungen) vornehmen.

Agnes

Übereinstimmungen/1. Oberbegriff:		
Agnes im Drehbuch:	Agnes im Roman:	Textbeleg im Roman:
Unterschiede/1. Oberbegriff:		

Erzähler/Walter Bühler

Übereinstimmungen/1. Oberbegriff:		
Erzähler im Drehbuch:	Erzähler im Roman:	Textbeleg im Roman:
Unterschiede/1. Oberbegriff:		

2 Was könnte Stamm zur Veränderung der Figurenkonzepte für das Filmdrehbuch bewogen haben?

Wort- und Sacherläuterungen

Die orange unterstrichenen und mit Seitenangaben versehenen Wort- und Sacherläuterungen beziehen sich auf Begriffe in diesem Heft, alle anderen auf »Agnes« von Peter Stamm.

ab origine (S. 48) seit den Anfängen.
Analogie (S. 16) Entsprechung.
Animation (S. 17) »zum Leben erwecken«; Technik, bei der durch das Erstellen und Anzeigen von Einzelbildern für den Betrachter ein bewegtes Bild geschaffen wird.
Autoaggression (S. 21) Aggression gegen sich selbst.
Catskill Mountains Mittelgebirge und Naturschutzgebiet im US-Bundesstaat New York; Teil der Appalachen.
computergeneriert (S. 17) durch Computer erzeugt.
Chicago Tribune seit 1847 erscheinende überregionale Zeitung; gilt als konservativ ausgerichtet.
Christie, Agatha M.C. (1891–1976) englische Kriminalautorin.
Columbus Day Erinnerung an die Landung von Christoph Kolumbus am 12. Oktober 1492 in der neuen Welt; in den USA am zweiten Montag im Oktober gefeiert.
Dissertation Arbeit zur Erlangung des Doktorgrades an einer Universität.
Doral Plaza das heutige Millennium Plaza, ein Appartementhochhaus in Chicago nahe des Grant Park.
Existentialität (S. 20) Dasein in seinem Wesenskern.
A Farewell to Arms Roman von Ernest Hemingway (1899–1961); erschienen 1929; deutsch: *In einem anderen Land*, 1930.
Felleisen (S. 43) (lederner) Rucksack wandernder Handwerksburschen.
Frost, Robert (1874–1963) amerikanischer Lyriker.
Gevatter (S. 43) altertümliche Bezeichnung für den Taufpaten.
Grant Park ausgedehnte Parkanlage in Chicago am Ufer des Michigan Sees.
Hemingway, Ernest (1899–1961) amerikanischer Romanschriftsteller.
Hispanics Sammelbegriff für alle in den USA wohnhaften Einwohner spanischer oder hispanoamerikanischer Herkunft.
Hoosier National Forest Nationalpark im Bundesstaat Indiana.
imitatio dei (S. 48) Nachahmung Gottes.
Independence Day 4. Juli: erinnert an die Unabhängigkeitserklärung der damaligen englischen Kolonien am 4. Juli 1776.
Indian summer Bezeichnung für eine ungewöhnlich heiße und trockene Wetterperiode im Spätherbst auf dem nordamerikanischen Kontinent.
Ingredienzien (S. 51) Bestandteile, Zutaten.
in illo tempore (S. 47) (lat. Bibelzitat) in jener Zeit.
Intention (S. 16) Absicht.
interagieren (S. 17) in einer Wechselbeziehung handeln.

Interrelation (S. 50) Wechselbeziehung.
Kirchner, Ernst Ludwig (1880–1938) deutscher Maler, Grafiker, Bildhauer; Vertreter des Expressionismus und Mitbegründer der Künstlergemeinschaft »Die Brücke«.
Kokoschka, Oskar (1886–1980) österreichischer Maler, Grafiker, Schriftsteller; Vertreter des Expressionismus.
Kommunikat (S. 27) Einzelelement eines Kommunikationsprozesses.
kognitiv (S. 50) die Erkenntnis betreffend.
konstitutiv (S. 16) das Wesen einer Sache bestimmend.
kontextualisieren (S. 27) mit einem Kontext = Zusatzinformationen versehen.
Kristallographie (S. 33) Beschreibung von Kristallen.
Lake Michigan einer der fünf Großen Seen Nordamerikas mit einem stark industrialisierten Ostufer (an dem auch Chicago liegt) und zahlreichen Nationalparks in der Umgebung.
leutselig (S. 48) offen, gesprächig im Umgang mit Mitmenschen.
Lincoln Park Zoo zoologischer Garten in Chicago.
Luxuseisenbahnwagen von G. M. Pullman entwickelt und wichtige Grundlage seines Wirtschaftsimperiums (vgl. S. 32).
mediatisiert (S. 27) in diesem Text: durch Medien vermittelt; allgemein: indirekt, mittelbar gemacht.
Möglichkeitsrepräsentanz (S. 21) Handeln als Möglichkeit sehen.
Mörder, Hoffnung der Frauen (1909) s. Materialien S. 38/39.
Murder on the Orient Express Titel eines Kriminalromans von Agatha Christie.
Murder with Mirrors Fantasie-Titel eines angeblichen Romans von Agatha Christie; die Textstelle bezieht sich evtl. auf den Roman »The Mirror crack'd from Side to Side«.
narrativ (S. 35) erzählend.
noetisch (S. 20) geistig, auf Erkenntnis ausgerichtet.
Norton Anthology of Poetry Standardwerk mit englischer Lyrik aus ca. 1000 Jahren.
notorisch (S. 6) dauerhaft.
Parameter (S. 50) hier: Kennzeichen, Kenngröße.
partiell (S. 21) teilweise.
primordial (S. 48) von besonderer Bedeutung, von erster Ordnung.
profan (S. 47) weltlich, alltäglich, nicht-heilig.
Projektion (S. 25) Ein Abwehrmechanismus, bei dem Gedanken und Gefühle, eine eigene Eigenschaft oder ein Triebimpuls in eine andere Person zunächst unbewusst »hinausverlegt«, d. h. projiziert werden. Anschließend ist man davon überzeugt, dass diese Person tatsächlich diese Eigenschaft aufweist oder diesen Triebimpuls ausführen wollte.
Pullman, George Mortimer (1831–1897) s. Materialien S. 32.

Referenzen (S. 35) hier: Bezüge.
A Refusal to Mourn the Death ... bekanntes Gedichte von Dylan Thomas, 1946.
Rezipient (S. 16) jemand, der etwas als Leser, Hörer, Betrachter aufnimmt.
Sears Tower Wolkenkratzer in Chicago, 1974–1976 erbaut, war geraume Zeit das Gebäude mit dem höchsten nutzbaren Stockwerk auf der Welt.
Seurat, George (1859–1891) französischer Maler; Begründer des Neoimpressionismus; malte zeitweilig im sog. pointillistischen Stil; s. auch S. 36/37.
Siddharta Titel eines Romans von Hermann Hesse (1877–1962).
situieren (S. 50) in einen Zusammenhang setzen, einbetten.
Should auld acquaintance be forgot ... »Sollte alte Freundschaft schon vergessen sein ...« traditionell am Sivesterabend in der anglophonen Welt gesungenes altes schottisches Lied (deutscher Titel: »Nehmt Abschied, Brüder«), basierend auf der Ballade »Old Long Syne«.
So long as men can breathe ... Teil eines Sonetts von William Shakespeare (1564–1616).
Stonehenge Steinkreisanlage im mittleren Süden Englands nahe Salisbury; in der Jungsteinzeit begründet und über einen Zeitraum vom ca. 2000 Jahren ausgebaut und genutzt. Genauere Kenntnisse über kulturelle Hintergründe der Anlage hat man nicht und so entstanden zahlreiche Sagen und Legenden um die Megatithblöcke. Sie gehören zum Weltkulturerbe der UNESCO.
Suwarowstiefel (S. 43) benannt nach dem russischen General Alexander Wassiljewitsch Suwarow (1730–1800).
Symptom (S. 22) Anzeichen, Merkmal.
termini technici (S. 35) Fachbegriffe; *terminus technicus* Fachbegriff.
Thanksgiving Feiertag in den USA, am vierten Donnerstag im November; es wird an Bräuche der Pilgerväter erinnert, somit ist es ein mehr nationales als religiöses Fest.
Thomas, Dylan (1914–1953) britischer Schriftsteller, u. a. Lyriker.
Thoreau, Henry David (1817–1862) amerikanischer Schriftsteller.
Totem (S. 47) Stammeszeichen der Sippe bei Naturvölkern, persönlicher Schutzgeist.
Transfer (S. 26) Übertragung.
Translation (S. 33) Verschiebung, Übertragung.
Un Dimanche d'été à l'Ile de la Grande Jatte s. Materialien S. 36/37.
Valéry, Paul (1871–1945) französischer Schriftsteller.
Wright, Frank Lloyd (1896–1959) amerikanischer Architekt, der u. a. in Chicago arbeitete.

Textquellen

S. 6: *Stamm*, Peter: [Autobiografisches]. Aus: Olga Olivia Kasaty: Ein Gespräch mit Peter Stamm. Krakau, 24. April 2004. In: dies.: Entgrenzungen. Vierzehn Autorengespräche über Liebe, Leben und Literatur. München: edition text und kritik 2007. S. 412–416.
S. 7: *Kasaty,* Olga Olivia/*Stamm*, Peter: [Schriftstellerischer Erfolg], ebd., S. 407–409.
S. 10: *Kasaty,* Olga Olivia: Gespräch mit Peter Stamm, ebd., S. 406/414.
S. 11: *Stamm*, Peter: [Über sich selbst] Aus: *www.hs-rm.de/hochschule/ ueber/poetikdozentur-junge-autoren/1-peter-stamm/index.html.*
S. 15: *Barsch*, Armin: Fiktion/Fiktionalität. Aus: Ansgar Nünning (Hg.): Metzler Lexikon Literatur- und Kulturtheorie. Ansätze – Personen – Grundbegriffe. Stuttgart/Weimar: Metzler ^{4}2008. S. 201.
S. 15: *Eco*, Umberto: [Der Fiktionsvertrag]. Aus: Im Wald der Fiktionen. Sechs Streifzüge durch die Literatur. München: Hanser 1994. S. 103.
S. 16: *Zipfel*, Frank: Fiktion, Fiktivität, Fiktionalität. Analysen zur Fiktion in der Literatur und zum Fiktionsbegriff in der Literaturwissenschaft. Berlin: Erich Schmidt 2001 [= Allgemeine Literaturwissenschaft – Wuppertaler Schriften, Bd. 2]. S. 185, 213 f., 248 f.
S. 17: *Bühl,* Achim: [Virtualität]. Aus: Die virtuelle Gesellschaft des 21. Jahrhunderts. Sozialer Wandel im digitalen Zeitalter. Wiesbaden: Westdeutscher Verlag ^{2}2000. S. 120, 134.
S. 20: *Längle*, Alfried: [Das Leiden des Depressiven]. Aus: De-Pression oder Selbst-Pression? In: Alfried Längle/Günter Funk (Hrsg.): Mut und Schwermut. Existenzanalyse der Depression. Wien: Gesellschaft für Logotherapie und Existenzanalyse 1987 [= Tagungsberichte der Gesellschaft für Logotherapie und Existenzanalyse, 2. Jg., Nr. 3]. S. 94/95.
S. 22: *Lexikonartikel*: Angst. Aus: Der Brockhaus Psychologie. Fühlen, Denken und Verhalten verstehen. Mannheim/Leipzig: Brockhaus 2009. S. 38 f.
S. 23: *Frisch*, Max: Du sollst dir kein Bildnis machen. Aus: Tagebuch 1946–1949. Frankfurt/Main: Suhrkamp 1977. S. 31–34.
S. 24: *Brecht*, Bertolt: Wenn Herr K. einen Menschen liebte. Aus: Kalendergeschichten. Hamburg: Rowohlt Taschenbuch Verlag 1953. S. 106.
Stamm, Peter: [Die Bilder der Protagonisten]. Aus: Olga Olivia Kasaty: Ein Gespräch mit Peter Stamm, a. a. O., S. 401 f.
S. 26: *Krotz*, Friedrich: [Kommunikation als soziales Handeln]. Aus: Kultureller und gesellschaftlicher Wandel im Kontext des Wandels von Medien und Kommunikation. In: Tanja Thomas/Marco Höhn (Hrsg.): Medienkultur und soziales Handeln. Wiesbaden: Verlag für Sozialwissenschaften 2008. S. 44 f. und 46 f.
S. 27: *Straßner*, Erich: [Mediale Kommunikation]. Aus: Text-Bild-Kommunikation. Bild-Text-Kommunikation. Tübingen: Niemeyer 2002. S. 1 und 16 f.
S. 28: *Stamm,* Peter: [Literatur und Kommunikation]. Aus: Aus: Olga Olivia Kasaty: Ein Gespräch mit Peter Stamm, a. a. O., S. 396–398.
Stamm, Peter: Agnes. Frankfurt/Main: Fischer Taschenbuch Verlag 2009. Lizenzausgabe mit freundlicher Genehmigung der S. Fischer Verlag GmbH, Frankfurt/Main. © 1998 by Peter Stamm. Erstveröffentlichung im Arche Verlag, Zürich-Hamburg.
S. 29: *Stamm*, Peter: Agnes, a. a. O. S. 10 f. und 42.
S. 32: *Eberhart,* Cathy: [Der Pullman-Streik]. Aus: Jane Addams (1860–1935). Sozialarbeit, Sozialpädagogik und Reformpolitik. Bremen: Europäischer Hochschulverlag 2009 [= Studien zu vergleichender Sozialpädagogik und internationaler Sozialarbeit und Sozialpolitik Bd. VI], S. 158 f.
S. 33: *Föll,* H.: [Kristallgitter]. Aus: *www.tf.uni-kiel.de/matwis/amat/mw1_ge/kap_3/backbone/r3_1_2.html.*
Oriwol, Daniel: [Kristalle]. Aus: www.mineralogie-erleben.de/sys.htm.
S. 35: *Rajewsky*, Irina O.: [Intermedialität]. Aus: Intermedialität »light«? Intermediale Bezüge und die »bloße Thematisierung« des Altermedialen. In: Roger Lüdeke/Erika Greber (Hrsg.): Intermedium Literatur. Beiträge zu einer Medientheorie der Literaturwissenschaft. Göttingen: Wallstein 2004 [= Münchener Universitätsschriften/Münchener Komparatistische Studien Bd. 5]. S. 36–38 und 46, 55.
Rajewsky, Irina O.: [Kursives Erzählen]. Aus: Intermedialität. Tübingen/Basel: Francke 2002 [= UTB 2261]. S. 153.
S. 36: *Thomas*, Kerstin: [Seurats Gemälde »Un Dimanche …«]. Aus: Welt und Stimmung bei Puvis de Chavanne, Seurat und Gauguin. München: Deutscher Kunstverlag 2010 [= Passagen/Passages Band 32], S. 106 f., 113, 146 f.
S. 37: *Alexandrian*: Seurat. München: Südwest Verlag, 2. Aufl. 1982. Auch: Bindlach: Gondrom 1994. S. 49.
S. 38: *Kokoschka*, Oskar: [Uraufführung und Plakat von »Mörder, Hoffnung der Frauen«]. Aus: Mein Leben. München: Bruckmann 1971. Zitiert nach: Werner J. Schweiger, Der junge Kokoschka. Leben und Werk 1904–1914. Wien/München: Brandstetter 1983. S. 107 f.
S. 39: *Schweiger*, Werner J.: [Das Theaterstück »Mörder, Hoffnung der Frauen«], ebd., S. 110.
S. 42: *Lodge*, David: Die Kunst des Erzählens. Zürich: Haffmans 1993. S. 89.
Keller, Gottfried: Der grüne Heinrich. Aus: Gesammelte Werke. München: Nymphenburger Verlagsbuchhandlung 1981. Bd. IV, S. 9 f., 15, 17.
S. 46: *Stamm*, Peter: [Das Leben in der Moderne]. Aus: Olga Olivia Kasaty: Ein Gespräch mit Peter Stamm, a.a.O., S. 400 f.
S. 47: *Eliade*, Mircea: [Religiöse und säkulare Kulturen]. Aus: Das Heilige und das Profane. Vom Wesen des Religiösen. Frankfurt/Main: Suhrkamp 1990 [= st 1751], S. 76–78.
S. 50: *Spielmann*, Yvonne: Hybridkultur. Frankfurt/Main: Suhrkamp 2010 [=suhrkamp taschenbuch wissenschaft 1972]. S. 200, 34–36, 103 f., 107,115,121, 143.
S. 51: *Schmid*, Wilhelm: [Was ist Glück?]. Aus: Glück. Alles, was Sie darüber wissen müssen, und warum es nicht das Wichtigste im Leben ist. Frankfurt am Main/Leipzig: Insel 2007. S. 7 f., 10–12, 16, 18–20, 23, 28–31.
S. 53: *Straub*, Norbert: Rieselnde Wirklichkeiten – »Agnes«: Peter Stamms beeindruckendes Erzähldébut. In: Neue Zürcher Zeitung vom 08.10.1998, Nr. 233.
S. 54: *Henning*, Peter: Im lauen Bad der Sätze. Von der Überschätzung eines Autors am Beispiel des Zürchers Peter Stamm. In: Weltwoche vom 16.08.2001, Nr. 3, S. 27.
S. 55: *Schmid*, Birgit: [Agnes' Charakterisierung im Drehbuch]. Aus: Die literarische Identität des Drehbuchs. Untersucht am Fallbeispiel »Agnes« von Peter Stamm. Bern: Peter Lang 2004 [= Zürcher Germanistische Studien. Bd. 58]. S. 124–128.
S. 57: *Stamm*, Peter: [Drehbuch zu einer »Agnes«-Verfilmung, Szene 5 und 6]. Unveröffentlicht. Zitiert nach: Birgit Schmid, ebd., S. 113 und 115.
S. 57: *Schmid*, Birgit: [Die männliche Hauptfigur im Drehbuch], ebd., S. 116–118.

Bildquellen

Seite 5: S. Fischer Verlag GmbH, Frankfurt/Main (978-3-596-17912-1).
Seite 6: Kubli, Stefan, Zürich.
Seite 7: Bobst, Sabina, Zürich.
Seite 9 o.: Bauer, Jürgen, Leidersbach.
Seite 9 u.: S. Fischer Verlag GmbH, Frankfurt/Main.
Seite 11: Gerster, Gaby, Frankfurt a. M.
Seite 15: Schwichow, Ekko von, Berlin.
Seite 17: alamy images, Abingdon/Oxfordshire (© wunkley).
Seite 20: Intro, Berlin.
Seite 22: Munch, Edvard (The Munch Museum / The Munch Ellingsen Group / © VG Bild-Kunst, Bonn 2012).
Seite 23: Picture-Alliance GmbH, Frankfurt/Main.
Seite 24: Picture-Alliance GmbH, Frankfurt/Main (dpa).
Seite 32: Picture-Alliance GmbH, Frankfurt/Main (newscom / Picture History).
Seite 36: Visipix.com.
Seite 38: Bridgeman Art Library Ltd. Berlin, Berlin (Graphische Sammlung Albertina, Vienna, Austria / © Fondation Oskar Kokoschka / VG Bild-Kunst, Bonn 2012).
Seite 39: akg-images GmbH, Berlin (Electa).
Seite 42: *akg-images GmbH, Berlin.*